Französische und wallonische Freiwilligenverbände im Zweiten Weltkrieg
Politische Implikationen militärischer Kollaboration

Stephan Horn

Französische und wallonische Freiwilligenverbände im Zweiten Weltkrieg

Politische Implikationen militärischer Kollaboration

Stephan Horn

2021

Carola Hartmann Miles-Verlag Berlin

Bibliografische Information der Deutschen Nationalbibliothek
Die Deutsche Nationalbibliothek verzeichnet diese Publikation in der
Deutschen Nationalbibliografie; detaillierte bibliografische Daten sind
im Internet über www.dnb.de abrufbar.

© 2021 Carola Hartmann Miles-Verlag, Berlin
www.miles-verlag.jimdo.com
email: miles-verlag@t-online.de

Herstellung:
Books on Demand, Norderstedt

Cover:
Antikommunistisches Propagandaplakat („Europa verteidigt seine
mehr als tausend Jahre alte Zivilisation gegen den Bolschewismus"),
vermutlich um 1943, Deutsches Historisches Museum/Indra Desnica.

Printed in Germany

ISBN 978-3-96776-015-6

Inhalt

Für Julia und Hannah

„Wer mit Ungeheuern kämpft, mag zusehn, daß er nicht dabei zum Ungeheuer wird. Und wenn du lange in einen Abgrund blickst, blickt der Abgrund auch in Dich hinein."

Friedrich Nietzsche, Jenseits von Gut und Böse, Aph. 146.[1]

I. Einleitung

Im Herbst des Jahres 1942, als französische und belgische Freiwilligen-legionen bereits seit einem Jahr in den Reihen der deutschen Wehrmacht gegen die Rote Armee kämpften, entzürnte sich der Unterstaatssekretär im Auswärtigen Amt Martin Luther gegenüber dem Kulturreferenten an der Deutschen Botschaft in Paris, Dr. Gerhard Krüger, über die allzu weiche Politik der Dienststelle im besetzten Frankreich. Man könne doch gleich den Franzosen „eine Kollektion unserer modernsten Waffen zur Vorführung bringen" oder ihnen „unsere Generalstabskarten zur Einsicht zeigen", wetterte er in sarkastischem Tonfall, wenn nicht alles darangesetzt werde, die Franzosen „niemals wieder hochkommen zu lassen" und sie „auf die Dauer zu zersplittern und niederzuhalten." Offenkundig missfiel es dem Unterstaatssekretär, dass in der Botschaft eine Reihe von Mitarbeitern nicht ganz dieser Linie folgte. So forderte er von seinem Vertrauensmann Dr. Krüger in deutlichen Worten, diesen Missstand zu beheben: „Es geht unter keinen Umständen an, daß irgendein Würstchen glaubt, seine eigene Hauspolitik treiben und die Politik des Reiches konterkarieren zu können [...]. Sorgen Sie bitte dafür, daß derartige Extratänze, wie sie vorgekommen sind, nicht wieder aufgeführt werden [...]."[2]

---

[1] Nietzsche, Friedrich, Jenseits von Gut und Böse; Zur Genealogie der Moral, Leipzig 1930, S. 88.
[2] Unterstaatssekretär Luther an Herrn VLR Dr. Krüger, 8.9.1942, PA AA, R 27634, Bl. 179f. Zur Position Luthers im Auswärtigen Amt siehe Conze, Eckart; Frei,

Diese Randepisode in den überlieferten Korrespondenzen des Auswärtigen Amtes offenbart einen Widerstreit, in dem auch die deutsche Politik der militärischen Kollaboration mit Frankreich und dem französischsprachigen Teil Belgiens stehen sollte. Einerseits war man bestrebt, nachdem die Zeit der großen „Blitzkriegerfolge" vorbei war, ausländische Soldaten für die eigenen Kriegsziele anzuwerben. Doch andererseits sollten den hilfswilligen Ländern keine politischen Zugeständnisse gewährt werden. Ebenso widersprüchlich unterhielt das Auswärtige Amt mit seiner Botschaft in Paris eine Vertretung, die nicht am Regierungssitz eines „Gastlandes" angesiedelt war und zudem vielmehr diktatorische, denn diplomatische Aufgaben zu erfüllen hatte.

Zur Zeit des Zweiten Weltkriegs war der imperiale Anspruch des Deutschen Reiches klar definiert. Aus Sicht der französischen und belgischen Kollaborateure bedeutete es, dass sie sich in einem Spannungsfeld von Instrumentalisierung und Selbstbehauptung bewegen mussten. Dies lag nicht zuletzt daran, dass die Militärkollaboration von den Zeitgenossen im Gegensatz zur politischen Kollaboration als eine in höchstem Maße freiwillige Zusammenarbeit interpretiert wurde. Doch auch die militärische Kollaboration ging über den vereinten Kampf gegen den gemeinsamen Feind hinaus und war für die französischen wie belgischen Kollaborateure ein echtes oder vermeintliches Mittel zur Durchsetzung der eigenen politischen Interessen.

Im Folgenden soll die Genese der militärischen Kollaboration des Deutschen Reiches mit Frankreich und dem frankophonen Teil Belgiens in den Jahren 1941 bis 1945 nachgezeichnet werden. Im Prisma der Korrespondenzen aller beteiligten Institutionen soll ihre Entstehungsgeschichte aufgezeigt und mit ihr die Entscheidungs-, Handlungs- und Gestaltungsspielräume ihrer Akteure erörtert werden. Hierbei ist es für die vorliegende Studie nicht von Belang, ob die in den Sitzungsprotokollen, Telegrammen, Denkschriften und anderen Dokumenten geäußerten Positionen den tatsächlichen Standpunkten der Entscheidungsträger entsprachen, sondern wie die getätigten Aussagen den weiteren

---

Norbert; Hayes, Peter; Zimmermann, Moshe, Das Amt und die Vergangenheit, Deutsche Diplomaten im Dritten Reich und in der Bundesrepublik, München 2010, S. 143ff.

Diskurs geprägt haben. Damit soll der Prozessualität der Verhandlungsführung Rechnung getragen werden, die erst im bürokratischen Zusammenspiel verschiedener Institutionen Entscheidungen der Akteure hervorbrachte.

Die vorliegende Arbeit kann dabei auf eine umfangreiche Sekundärliteratur zum Thema zurückgreifen, die dennoch die Entstehung der Militärkollaboration in den betreffenden Ländern meist aus dem Blickwinkel nur einer, also derjenigen Institution betrachtet, der ihr jeweiliges Forschungsinteresse gilt. In den meisten Fällen wird diese Vorgehensweise aber der Prozesshaftigkeit der Verhandlungen und Debatten nicht gerecht. Dies trifft insbesondere auf die Grundlagenwerke zur Geschichte der Waffen-SS zu, die den Einsatz französischer oder belgischer Freiwilliger in den militärischen Verbänden der SS nur kursorisch behandeln.[3] Spezialstudien über die französischen oder belgischen Waffen-SS-Verbände sind immer noch Desiderate der Forschung.[4] Demgegenüber existiert eine Vielzahl von Schriften der populären Militärgeschichte, die teils den wissenschaftlichen Standards nicht genügen und/oder sich von ihrem Forschungsgegenstand nicht ausreichend distanzieren.[5] Letzteren ist ein geschichtsrevisionistisches Interesse inhärent, das die prominente Nachkriegsthese der SS-Veteranenverbände, „Soldaten wie andere auch" gewesen zu sein, reproduziert.[6]

---

[3] Stein, George H., Geschichte der Waffen-SS, Düsseldorf 1967; Wegner, Bernd, Hitlers politische Soldaten: Die Waffen-SS 1933–1945, Leitbild, Struktur und Funktion einer nationalsozialistischen Elite, Paderborn 1997; Leleu, Jean-Luc, La Waffen-SS, Soldats politiques en guerre, Paris 2007.

[4] Einen Überblick der neueren Spezialstudien über die ausländischen SS-Freiwilligenverbände gibt der Tagungsband von Schulte, Jan Erik; Lieb, Peter; Wegner, Bernd (Hg.), Die Waffen-SS, Neue Forschungen, Paderborn 2014. Siehe auch Böhler, Jochen; Gerwarth, Robert, The Waffen-SS, A European History, Oxford 2017.

[5] Michaelis, Rolf, Belgier in der Waffen-SS, Berlin 2010; Ders., Franzosen in der Waffen-SS, Berlin 2013. Siehe auch Scherzer, Veit, Sous le Signe SS, Französische Freiwillige in der Waffen-SS, Bayreuth 2018. Ferner die historischen Romane von Mabire, Jean, Berlin im Todeskampf, Französische Freiwillige der Waffen-SS als letzte Verteidiger der Reichskanzlei, Preußisch Oldendorf 1977; Ders., Division de choc Wallonie, Lutte à mort en Poméranie, Paris 1996. Und Luytens, Daniel-Charles, SS wallons, Récits de la 28e division SS des grenadiers volontaires Wallonie, Cork 2015.

[6] Siehe die Nachkriegsschrift des ehemaligen SS-Oberstgruppenführers Hausser, Paul, Soldaten wie andere auch, Der Weg der Waffen-SS, Osnabrück 1988. Ferner die Memoiren des ehemaligen SS-Obergruppenführers Steiner, Felix, Die Freiwilligen, Idee

Gleiches trifft auf die geschichtswissenschaftlichen Überblickswerke zur europäischen Dimension der Militärkollaboration zur Zeit des Zweiten Weltkrieges zu.[7] Demgegenüber wird in den ausschließlich fremdsprachigen Werken zur französischen und belgischen Militärkollaboration in den Reihen der Wehrmacht sowie der Waffen-SS die deutsche Perspektive nicht ausreichend gewürdigt.[8] Hier möchte die Studie anknüpfen und anhand der spezifischen Überlieferungsbestände des Bundesarchivs und des Politischen Archivs des Auswärtigen Amts den Blick auf die Entstehungsgeschichte der französischen und belgischen Militärkollaboration weiten. Der Fokus liegt auf den wichtigsten (para-)militärischen Verbänden in Frankreich und im frankophonen Teil Belgiens – der Region Wallonien und Brüssel – zur Zeit des Zweiten Weltkrieges: Einer genaueren Betrachtung werden die „Légion des volontaires français contre le bolchevisme", die „Milice française", die SS-Division „Charlemagne", die „Légion Wallonie" und die SS-Division „Wallonie" unterzogen. Über die Lebensläufe der maßgebenden

---

und Opfergang, Göttingen 1958. Dazu auch Westemeier, Jens, „Soldaten wie andere auch!", Der Einfluss von SS-Veteranen auf die öffentliche Wahrnehmung der Waffen-SS, in: Die SS nach 1945, Entschuldigungsnarrative, populäre Mythen, europäische Erinnerungsdiskurse, Göttingen 2018, S. 269–288. Zu den Veteranenverbänden der Waffen-SS in der Bundesrepublik siehe Wilke, Karsten, Die „Hilfsgemeinschaft auf Gegenseitigkeit" (HIAG) 1950–1990, Veteranen der Waffen-SS in der Bundesrepublik, Paderborn 2011.

[7] Seidler, Franz W., Avantgarde für Europa, Ausländische Freiwillige in Wehrmacht und Waffen-SS, Selent 2004. Apologetische Tendenzen finden sich auch bei Neulen, Hans Werner, An deutscher Seite, Internationale Freiwillige von Wehrmacht und Waffen-SS, München 1985; Neulen, Hans Werner, Europa und das 3. Reich, Einigungsbestrebungen im deutschen Machtbereich 1939–45, München 1987; Neulen, Hans Werner, Eurofaschismus und der Zweite Weltkrieg, Europas verratene Söhne, München 1980. Die These von den „ganz normalen Soldaten" im „Einsatz für Volk und Vaterland" wird hier auf die ausländischen Freiwilligen ausgedehnt.

[8] Bene, Krisztián, La collaboration militaire française dans la Seconde Guerre mondiale, Sainte-Flaive-des-Loups 2012; Léguerandais, Christophe, Hitler's French volunteers, Barnsley 2016; Forbes, Robert, For Europe, The french volunteers of the Waffen-SS, Mechanicsburg 2010; Beyda, Oleg, „La Grande Armée in Field Grey": The Legion of French Volunteers Against Bolshevism, 1941, in: Journal of Slavic Military Studies 29 (2016) 3, S. 500–518; Bruyne, Eddy de, Les Wallons meurent à l'Est, La Légion et Léon Degrelle sur le Front russe 1941–1945, Bruxelles 1991; Plisnier, Flore, Ils ont pris les armes pour Hitler, La collaboration armée en Belgique francophone, Bruxelles 2008.

Exponenten der militärischen Kollaboration (Jacques Doriot, Joseph Darnand und Léon Degrelle) sollen die Handlungsinteressen der federführenden französischen und belgischen Kollaborateure herausgearbeitet werden. In der Schlussbetrachtung soll letztlich eine vergleichende Zusammenschau der französischen und französischsprachigen belgischen Militärkollaboration unternommen werden, um mit dem analytischen Mittel des historischen Vergleichs die Optik für die divergierenden Aktionsspielräume der asymmetrisch gelagerten militärischen „Zusammenarbeit" zwischen Besatzern und Besetzten zu schärfen.

II. Die „Légion des volontaires français contre le bolchevisme" (LVF)

Am Pfingstmontag des Jahres 1943 kam es auf den Pariser Boulevards zu einer Schlägerei zwischen Beamten der französischen Polizei und Angehörigen der „Légion des volontaires français contre le bolchevisme" (LVF). Bevor die Truppe zur Partisanenbekämpfung an die Ostfront verlegt werden sollte, gewährte man den rund sechzig Freiwilligen einen Stadtbummel über die Champs-Elysées. Der Besuch endete in einer gewalttätigen Auseinandersetzung mit sechs Schwerverletzten und einem Ermittlungsverfahren des Sicherheitsdienstes (SD) der SS. Während die Deutsche Botschaft in Paris zunächst davon ausging, dass Schikanen seitens der Zivilbevölkerung sowie der französischen Polizei die Ursache für die Handgreiflichkeiten waren, und sie von daher einen stärkeren Schutz für die Freiwilligentruppe einforderte, kam der SD zu dem Schluss, dass es die Legionäre selbst waren, die den Streit provoziert hätten. Sie hätten Passanten angepöbelt und die Polizisten, die zur Schlichtung des Konfliktes erschienen waren, entwaffnet. Danach mischten sie ein Café auf, in dem vermeintlich Schwarzhändler ihr Unwesen trieben. Erst als die deutsche Feldgendarmerie eingriff, konnte der Krawall beendet werden. Der Höhere Polizei- und SS-Führer (HSSPF) Carl-Albrecht Oberg sah im Handeln der französischen Polizei kein Fehlverhalten und beließ es bei einer Verwarnung der Legionäre. Der Militärbefehlshaber Frankreich (MBF) Carl-Heinrich von Stülpnagel ordnete wenige Tage später einen „Propagandamarsch" der Legionäre an den Orten der Ausschreitungen an, wobei die französische Polizei die Absperrungsmaßnahmen übernahm. Befriedigt über den Ausgang des Geschehens stellte der HSSPF in Paris fest, dass „dieser Vorfall keinen ernsteren Charakter hatte" und „durch den Propagandamarsch der Legionäre durch Paris, bei dem die französische Polizei die Absperrung hatte, wohl wieder klare Verhältnisse geschaffen worden waren."[9]

---

[9] Reichsführer-SS/Adjutantur an Legationsrat Dr. Wagner, 12.7.1943, PA AA, R 101059.

Ganz gleich, ob sich dieser Vorfall tatsächlich so zu getragen hat, wie es aus den Berichten und Stellungnahmen der beteiligten Akteure hervorgeht: Die Korrespondenzen zeigen Rivalitäten, Stimmungen und Spannungen, in denen sich der Aufbau und Einsatz der LVF in Frankreich abspielte. Während der Reichsaußenminister Joachim von Ribbentrop in der Annahme, die Ressentiments von Zivilbevölkerung und französischer Polizei hätten zu den Vorfällen geführt, sofort anordnete, „dass die Legionäre absolut von uns geschützt werden müßten", entpuppte sich in Wahrheit eine undisziplinierte Pöbelei der Legionäre als Ursache für die Zusammenstöße. Seitens der Botschaft wurden Stimmen laut, die Legionäre schneller als bisher vom Standort Versailles an die Ostfront zu verlegen und von ihrer Ausbildung mit Waffen in Frankreich abzusehen. Die Angehörigen der LVF fühlten sich gemäß ihrer nachträglichen Rechtfertigungsrede offenbar ermächtigt, eigenhändig gegen den Schwarzhandel vorzugehen. Die SS hingegen stellte sich auf die Position der französischen Polizei und der MBF von Stülpnagel ordnete zur propagandistischen Stärkung der LVF einen Marsch durch Paris an.[10] Das Kompetenzwirrwarr der beteiligten Institutionen, die Disziplinlosigkeit der Legion, innerfranzösische Feindseligkeiten und die propagandistisch-politische Bedeutung des Freiwilligenverbandes für die Besatzungsmacht sollten bestimmend für die Geschichte der LVF bleiben.

Die „Legion der französischen Freiwilligen gegen den Bolschewismus" war das Werk der Deutschen Botschaft im besetzten Frankreich und jener französischen Faschisten in Paris, die ideologisch den Schritt ins politische Lager des Nationalsozialismus getan hatten. Bereits einen Tag nach dem deutschen Angriff auf die Sowjetunion am 22. Juni 1941 ersuchten die exponiertesten Vertreter einer „totalen" Kollaboration Maréchal Pétain um die Genehmigung, französische Freiwilligenverbände für den „europäischen Kreuzzug gegen den Bolschewismus" aufstellen zu dürfen: Die Ultrakollaborationisten Marcel Déat vom „Rassemblement National Populaire" (RNP) und Eugène Deloncle vom „Mouvement Social Révolutionnaire" (MSR) sprachen von einer „Légion de l'Europe unie", während Jacques Doriot von der „Parti

---

[10] Zu den Ereignissen insgesamt siehe Zusammenstoß französischer Legionäre, PA AA, R 101059.

Populaire Français" (PPF) die Aufstellung einer „Légion antibolche-vique française" avisierte. Eine Pressekampagne in den Pariser Zeitungen wurde lanciert und Doriot forderte das Recht ein, an der Seite gleichgesinnter europäischer Formationen den Kampf gegen den Kommunismus aufnehmen zu dürfen: „La guerre contre le communisme ne peut nous laisser indifférents. Bien que notre pays ne puisse intervenir officiellement dans cette lutte, nous demandons le droit pour les volontaires de combattre aux côtés des Espagnols, des Finlandais, des Roumains."[11] Die Unterstützung seitens der Staatskollaborationisten des Vichy-Regimes war notwendig, da ein Engagement französischer Staatsbürger in fremden Armeen untersagt war und ernste strafrechtliche Konsequenzen nach sich ziehen konnte.

Die Reaktion des Maréchals auf die Initiative der Kollaborationsparteien lief auf eine Kompromissformel hinaus: Zwar erhob das Regime in Vichy keine Einwände und schuf die rechtlichen Voraussetzungen für eine antibolschewistische Kampforganisation, doch sollte ohne eine offizielle deutsche Anforderung keine materielle Unterstützung gewährleistet werden.[12] Auch Hitler war voller Vorbehalte und hatte keinerlei Interesse am Wiedererstarken der französischen Streitkräfte. Dennoch fand der Vorstoß von Déat, Deloncle und Doriot Befürworter in den Reihen der Besatzungsmacht. Der deutsche Botschafter in Paris, Otto Abetz, unterhielt freundschaftliche Beziehungen zu den französischen Faschisten und erreichte am 1. Juli 1941 die Zustimmung Hitlers zur Gründung eines Freiwilligenverbandes. Hitlers Entscheidung war in erster Linie von politischen, weniger von militärischen Überlegungen getragen. Die Teilnahme des „Erbfeindes" am Feldzug gegen die Sowjetunion konnte propagandistisch genutzt werden: Das vereinigte Europa, so schien es, kämpfte unter dem Banner des deutschen Nationalsozialismus gemeinsam gegen den Kommunismus.[13]

---

[11] Étude sur la LVF, S. 2–3, Archive Nationale (AN) F 60 235, zit. n. Bene, Krisztián, La collaboration militaire, S. 53.

[12] „Statut de la Légion des volontaires français contre le bolchevisme." Dort heißt es: „Article premier. - Il est constitué, avec l'approbation du Chef de l'État Français et du Führer Chancelier du Reich, une Légion des volontaires français pour participer à la lutte contre le Bolchevisme." AN F 60 235, zit. n. Bene, Krisztián, La collaboration militaire, Annexe 1.

[13] Bene, Krisztián, La collaboration militaire, S. 54.

Dennoch kennzeichneten strikte Beschränkungen den Entschluss Hitlers. Die Zahlenstärke der Legion sollte auf 15 000 Mann begrenzt bleiben und die Initiative zur Gründung von den ultrakollaborationistischen Parteien des besetzten Frankreichs ausgehen, damit keine Verpflichtungen gegenüber der legalen französischen Regierung in Vichy erwachsen konnten. Nur Freiwillige aus der besetzten Zone sollten das Recht haben, sich der Legion anzuschließen.[14]

Eine Woche nachdem Abetz hierzu die Zustimmung erhalten hatte, versammelte er die Führer der wichtigsten Kollaborationsparteien im Hôtel Majestic, dem Sitz des MBF in Paris.[15] Ein zentrales Komitee für die zu bildende LVF wurde ins Leben gerufen und ein Aufruf für Presse und Rundfunk vorbereitet, der zunächst von der Militärverwaltung gesperrt wurde und nur unter dem scharfen Protest des Botschafters, dass es sich um eine „vom Führer persönlich ausgehende Weisung" handele, veröffentlicht werden konnte.[16] Insgesamt waren die deutschen Militärs bloß an einem symbolischen Beitrag französischer Soldaten interessiert. Die Richtlinien des Oberkommandos der Wehrmacht (OKW) zum „Einsatz ausländischer Freiwilliger im Kampf gegen die Sowjetunion" sahen zwar vor, dass die Freiwilligen „grundsätzlich in geschlossenen Einheiten unter eigener Führung" den Kampf gegen die Rote Armee aufnehmen sollten, doch wurde unterschieden

---

[14] Jäckel, Eberhard, Frankreich in Hitlers Europa, Die deutsche Frankreichpolitik im Zweiten Weltkrieg, Stuttgart 1966, S. 182 und Wolf, Dieter, Die Doriot-Bewegung, Ein Beitrag zur Geschichte des französischen Faschismus, Stuttgart 1967, S. 254.

[15] Jacques Doriot (PPF), Marcel Déat (RNP), Marcel Bucard (Francisme), Pierre Constantini (Ligue Française), Pierre Clémenti (Parti National Collectiviste) und Jean Boissel (Front Franc). Vgl. Bene, Krisztián, La collaboration militaire, S. 55.

[16] Jäckel, Eberhard, Frankreich in Hitlers Europa, S. 183. Dieser Aufruf für die Teilnahme am „Kreuzzug gegen den Bolschewismus" für die „Verteidigung der europäischen Zivilisation" wurde am 8. Juli 1941 in der Zeitschrift „Cri du Peuple" der PPF veröffentlicht: „Avec l'assentiment de M. le Maréchal Pétain, Chef de l'État français, et l'acquiescement du Führer, les mouvements français soussignés ont décidé, en plein accord, de participer à la croisade contre le bolchevisme. Ils constituent immédiatement une Légion de Volontaires français pour représenter la France sur le front russe et y prendre part en son nom au combat pour la défense de la civilisation européenne." Die Unterzeichner waren Jacques Doriot (PPF), Marcel Déat (RNP), Marcel Bucard (Francisme), Pierre Constantini (Ligue Française), Pierre Clémenti (Parti National Collectiviste) und Jean Boissel (Front Franc). Hier zit. n. Bene, Krisztián, La collaboration militaire, S. 56.

zwischen jenen Freiwilligenverbänden, „die als Bestandteile der Wehrmacht ihres Landes im Wesentlichen ausgerüstet und ausgebildet gestellt werden sollten" und solchen Formationen, die „erst in Deutschland gesichtet, ausgerüstet und ausgebildet werden müssen." Für letztere galt, dass sie „deutsche Uniformen mit einem Abzeichen ihrer Landsmannschaft" erhalten sollten.[17]

Infolgedessen kämpften italienische, slowakische, ungarische oder rumänische Verbände in ihren nationalen Uniformen an der Ostfront, während die französischen Legionäre die Uniformen der deutschen Wehrmacht mit einem kleinen blau-weiß-roten Abzeichen in Wappenform auf dem Ärmel erhielten. Die LVF musste den Eid auf Hitler schwören und wurde als Infanterieregiment 638 in die deutsche Wehrmacht integriert.[18] Abetz stellte dem Zentralkomitee als Rekrutierungsbüro in dunkelster Ironie die Räume des ehemaligen sowjetischen Reisebüros „Intourist" zur Verfügung. Begleitet wurde die Werbekampagne in Presse und Rundfunk durch massive Plakatierungen in Paris und einer Massenveranstaltung am 18. Juli 1941 im „Vélodrome d'Hiver", das jedoch aufgrund der ablehnenden Haltung der Pariser mit geschätzten 8 000 Teilnehmern weit davon entfernt war, bis auf die letzte Reihe besetzt zu sein. Ganz im Gegenteil wurden in verschiedenen Werbebüros der LVF die Fensterscheiben eingeworfen.[19]

---

[17] Telegramm Ritter, 6.7.1941, BArch, NS 19/1871, Bl. 60f.

[18] Merglen, Albert, Soldats français sous uniformes allemands 1941–1945: LVF et „Waffen-SS" français, in: Revue d'histoire de la deuxième guerre mondiale 27 (1977) 108, S. 72. Zur Diskussion um die Uniformen siehe auch Giolitto, Pierre, Volontaires français sous l'uniforme allemand, Paris 1999, S. 77.

[19] Jäckel, Eberhard, Frankreich in Hitlers Europa, S. 183. Auf den Werbeplakaten wurde den Rekruten noch französische Uniformen versprochen: „Français! Le Bolchevisme est responsable de la guerre et de la débâcle. Debout pour l'écraser! Engagez-vous dans la „Légion des volontaires français" aux côtés des Armées Alliées contre Moscou. Vous participerez à la croisade de la libération de tous les ouvriers du monde. Vous travaillerez au maintien de la civilisation occidentale. Vous combattrez sous les plis du drapeau français, avec des armes et des uniformes de l'Armée Française pour l'honneur de votre Patrie! Vive Pétain!!! À bas Moscou!!!", Étude sur la LVF, S. 6–7, AN F 60 235 zit. n. Bene, Krisztián, La collaboration militaire, S. 58–59.

Bereits Ende August 1941 wurden die ersten Freiwilligen von der Kaserne Borgnis-Desborde in Versailles verabschiedet. Auf dem Truppenübungsplatz Deba im Generalgouvernement des besetzten Polen sollten die Legionäre ihre militärische Ausbildung absolvieren.[20] Doch bei der prominent besetzten Abschiedszeremonie am 27. August 1941 kam es zu einem Attentat auf Pierre Laval und Marcel Déat, die beide lebensgefährlich durch mehrere Schüsse in den Oberkörper verletzt wurden. Der Attentäter, ein junger Legionär namens Paul Colette, der nur zum Zweck des Anschlages der LVF beigetreten war, wurde verhaftet und gab in den Vernehmungen zu Protokoll, dass er zwar unmissverständlich antikommunistischer Gesinnung sei, doch eine Kollaboration mit den „boches" als skandalös empfände.[21]

Derlei Attentate blieben zwar die Ausnahme, dennoch sollte die Unberechenbarkeit der Legionäre in anderen Bereichen bestehen bleiben. So ließ die Disziplin der Truppe zu wünschen übrig: Zwischen April 1942 und Januar 1943 liefen 13 Legionäre mit der Waffe zum Feind über. Im Juni 1944 kam es zu einem Feuergefecht zwischen weißrussischen Ordnungstruppen und den Legionären, weil letztere angeblich den Ehefrauen der örtlichen Kollaborateure nachgestellt hätten.[22] Zahlreich sind die Berichte, die den Legionären mangelnden militärischen Gehorsam attestieren. In einem internen Bericht des MSR vom 28. Oktober 1941 heißt es: „Alléchés par les soldes, de nombreux chômeurs se sont engagés [...] Aucun idéal. D'autres se sont engagés pour fuir la police. Des escrocs, des voleurs comptaient y trouver refuge [...] Des légionnaires sérieux se sont plaints de l'indiscipline, du mauvais esprit, voire même de l'anarchie qui règnent à la caserne Borgnis-Desborde à Paris."[23] Auch Fernand de Brinon, einer der einflussreichsten Architekten

---

[20] Kozak, Kuzma Ivanovic, Franzosen in den Verbänden der Wehrmacht, in: Täter im Vernichtungskrieg, hrsg. v. Wolf Kaiser, Berlin 2002, S. 160.

[21] Auszüge aus dem Vernehmungsprotokoll siehe Bene, Krisztián, La collaboration militaire, S. 66. Dieses Attentat führte zum Bruch zwischen RNP und MSR. Pierre Laval unterstellte Eugène Deloncle, Drahtzieher des Anschlags gewesen zu sein. Siehe Brender, Reinhold, Kollaboration in Frankreich im Zweiten Weltkrieg, Marcel Déat und das Rassemblement national populaire, München 1992, S. 138. „Boche" als diffamierender Begriff für „Deutscher" leitet sich vermutlich von „caboche" (Dickschädel) ab.

[22] Kozak, Kuzma Ivanovic, Franzosen in den Verbänden der Wehrmacht, S. 165.

[23] Zit. n. Merglen, Albert, Soldats français sous uniformes allemands, S. 73.

der Kollaboration und Präsident des Zentralkomitees der Legion, bemerkt in seinen Memoiren: „Les hommes aussi bien que les cadres étaient médiocres, avec une forte proportion de repris de justice et d'inclassables. Les éléments sincères sont extrêment rares. Le ratage est complet dès le début et, au lieu de nous être utile, cette opération sera plutôt nuisible, les chefs militaires allemands ayant tendance à juger l'aide apportée par la France à la qualité de ces lamentable contigents."[24] In zeitgenössischen wie retrospektiven Einschätzungen präsentiert sich die Legion zumeist als militärischer und politischer Totalausfall.

In der Tat war die Besoldung der Legionäre überdurchschnittlich hoch, so dass vermutlich die materiellen Interessen von Arbeitslosen, Kleinkriminellen und Deklassierten unter den Legionären schwerer wogen als der zweifellos vorhandene Antibolschewismus und Antisemitismus der wenigen Idealisten.[25] Die Aussicht auf die Vorzüge eines „Landsknechtsdaseins mit Wodka, Weib und Gesang" stellte vermutlich für das Gros der Legionäre eine höhere Motivation dar als das Ideologem der Verteidigung der abendländischen Zivilisation.[26] Zudem befindet sich unter den Legionären eine gewisse Anzahl ehemaliger Fremdenlegionäre, deren Movens neben der vergleichsweise hohen Besoldung auch Abenteuerlust gewesen sein mag.[27] Statistische Angaben über die soziale Herkunft der Legionäre belegen, dass vornehmlich aus dem Kleinbürgertum oder dem Prekariat rekrutiert wurde. Eine Umfrage der Wochenzeitschrift „L'Illustration" vom Juli 1942 kam zu dem Ergebnis, dass von 200 befragten Legionären 90 Prozent zuvor handwerklichen Berufen nachgegangen waren. Bei den restlichen zehn Prozent handelte es sich um Studenten, Funktionäre, Handelsangestellte

---

[24] Brinon, Fernand de, Mémoires, Paris 1949, S. 76. Für weitere Einschätzungen vgl. auch Bene, Krisztián, La collaboration militaire, S. 67 ff.

[25] Überdies hatte man den Rekruten versprochen, dass im Falle einer Verpflichtung ihre Angehörigen aus deutscher Kriegsgefangenschaft entlassen werden sollten. Bis zum Juli 1943 waren allerdings erst 80 Personen freigekommen, da die hohen Auflagen Entlassungen zur Ausnahme machten: Nur im Falle des Todes, der Verwundung oder der Ehrenauszeichnung wurden überhaupt Angehörige (ersten Grades) ausgetauscht. Siehe Schleier Telegramm, 5.6.1943, PA AA, R 100992.

[26] Vgl. Müller, Rolf-Dieter, An der Seite der Wehrmacht, Hitlers ausländische Helfer beim „Kreuzzug gegen den Bolschewismus" 1941–1945, Berlin 2007, S. 126.

[27] Bene, Krisztián, La collaboration militaire, S. 71 und Jäckel, Eberhard, Frankreich in Hitlers Europa, S. 183.

oder auch Künstler.[28] Eine Erhebung in 38 Départements förderte zutage, dass etwa 60 Prozent der Befragten Arbeiter, Handwerker oder Angestellte waren, während der Rest sich aus Funktionären, Studenten und Militärs zusammensetzte. Das Alter der Legionäre lag zwischen 20 und 30 Jahren. Ausnahmen bildeten die Offiziersdienstgrade, die meist das vierzigste Lebensjahr überschritten hatten.[29]

Ende November 1942 wurde das erste Bataillon des neugegründeten Infanterieregiments 638 an die Front rund 70 Kilometer vor Moskau verlegt. Die Zeit des „triumphalen" deutschen Vormarsches war vorbei, und die Verluste an Mensch und Material stiegen stetig an. Schon nach zwei Wochen, in denen lediglich ein Kampfeinsatz erfolgt war, wurden die französischen Einheiten auf Weisung Hitlers ins rückwärtige Heeresgebiet verlegt und sollten von nun an nicht mehr als Frontverband eingesetzt werden. Die Bilanz des gescheiterten Versuches zur Eroberung des Dorfes Djukovo waren 50 Tote, 120 Verletzte und 500 Legionäre, die schlimmste Erfrierungen erlitten hatten.[30] Bis zur Auflösung der LVF im Spätsommer 1944 und ihrer Eingliederung in die SS-Division „Charlemagne" sollte das Regiment ausschließlich zu Sicherungszwecken und zur Partisanenbekämpfung im Heeresgebiet Mitte eingesetzt werden. Neben der Bewachung von Gebäuden und Nachschublinien übernahm das Regiment im Verbund mit der SS und der deutschen Polizei die Absperrung, Einkesselung und Durchkämmung von Widerstandsgebieten. Die Zahl der dabei getöteten Zivilisten geht in die Tausende. Beispielsweise beteiligte sich das Regiment im Oktober 1942 am Unternehmen „Karlsbad": In der Umgebung der Stadt Orscha im heu-

---

[28] Giolitto, Pierre, Volontaires français sous l'uniforme allemand, S. 73.

[29] Bene, Krisztián, La collaboration militaire, S. 69.

[30] Merglen, Albert, Soldats français sous uniformes allemands, S. 74 und Bene, Krisztián, La collaboration militaire, S. 110. In einer Notiz vom 10.4.1943 macht Otto Abetz Angaben über die Zahlenstärke der LVF: Demnach haben sich 15 000 Bewerber gemeldet, von den 9 930 zur Musterung zugelassen wurden. Davon wurden 6 172 in die LVF aufgenommen. Im April des Jahres 1943 waren 2 131 Legionäre an der Ostfront aktiv. 2 813 Mann waren wegen Erfrierungskrankheiten dienstunfähig, 550 wurden verwundet und 160 waren gefallen. Von den abgelehnten Bewerbern hatten 1 666 Mann Aufnahme im „Nationalsozialistischen Kraftfahrerkorps" (NSKK) gefunden und „etwa die doppelte Anzahl" war beim Werkschutz der Organisation Todt (OT) eingesetzt. Siehe Abetz an Wagner, 10.4.1943, PA AA, R 100992.

tigen Belarus wurden unter dem operativen Befehl der 1. SS-Infanteriebrigade 1 051 Menschen erschossen, mehrere Dörfer zerstört und der Viehbestand vollständig requiriert.[31]

Die militärische Bedeutung der LVF blieb demnach marginal. Die hochgesteckten Ziele der Pariser Kollaborateure erfüllten sich nicht. Die Effizienz und Einheit der Gruppe litt massiv unter der Zerstrittenheit der Kollaborationsparteien. Kurz vor dem deutschen Angriff auf die Sowjetunion war Jacques Doriot, der seine politische Karriere im Jahre 1921 als Kommunist begonnen und sich dann zum charismatischen Führer der faschistischen PPF aufgeschwungen hatte, bei der Besatzungsmacht in Ungnade gefallen. Nach dem Sturz des stellvertretenden Ministerpräsidenten des unbesetzten Frankreichs Pierre Laval im Dezember 1940 unterstützte der deutsche Botschafter Abetz zunehmend das RNP unter Marcel Déat und Eugène Deloncle als Kollaborationspartei par excellence, da sich beide die schnelle Rückkehr Lavals an die Macht in Vichy und eine verstärkte Staatskollaboration mit den Deutschen zum Ziel gesetzt hatten.[32] Abetz und Laval waren überzeugt, dass Doriot bei der Palastrevolution in Vichy seine Hände im Spiel gehabt hatte. Darüber hinaus sah der deutsche Botschafter, dem Hitler die Behandlung aller politischen Fragen im besetzten Gebiet übertragen hatte, in den Plänen Doriots, in Frankreich eine Einparteiendiktatur faschistischen Zuschnitts zu errichten, eine gefährliche Politik, die das Land an den Rand eines Bürgerkrieges bringen würde.[33] Der PPF-Führer hingegen erkannte schnell die gefährliche Konkurrenz des RNP um die Gunst des Botschafters und versuchte Déat als „unverbesserlichen" Demokraten und Parlamentarier zu diffamieren. Mit dem Beginn des „Unternehmens Barbarossa" bot sich für Doriot die Gelegenheit, die Dinge wieder ins Lot zu bringen: Mit seinem persönlichen Engagement für die LVF meinte er nicht nur die Grundlage einer zukünftigen „nouvelle élite française" schaffen zu können, sondern ebenso dem RNP den Rang um das Wohlwollen der deutschen Besatzer abzulaufen.[34] Doriot ging als Leutnant an der Spitze der LVF für anderthalb

---

[31] Kozak, Kuzma Ivanovic, Franzosen in den Verbänden der Wehrmacht, S. 162ff.

[32] Brender, Reinhold, Kollaboration in Frankreich im Zweiten Weltkrieg, S. 115.

[33] Wolf, Dieter, Die Doriot-Bewegung, S. 242.

[34] Burrin, Philippe, La dérive fasciste, Doriot, Déat, Bergery 1933–1945, Paris 1986, S. 431.

Jahre an die Ostfront, so dass die PPF durch die Geste ihres Chefs gedeckt war, und auch Vichy keine entscheidenden Schritte gegen den Parteichef, der in deutscher Uniform am „Kreuzzug gegen den Bolschewismus" teilnahm, unternehmen konnte.[35] Kein anderer Führer einer französischen Kollaborationspartei vollführte eine vergleichbare Aktion. Innerhalb der LVF kam es jedoch zu einer Spaltung in zwei Lager: Das erste Bataillon des Regiments bestand überwiegend aus PPF-Anhängern, das Zweite aus Angehörigen des RNP. Bis zur Auflösung der Legion sollten diese Rivalitäten nicht beigelegt werden.[36]

---

[35] Wolf, Dieter, Die Doriot-Bewegung, S. 254.
[36] Giolitto, Pierre, Volontaires français sous l'uniforme allemand, S. 75.

III. Die „Milice française"

Stärker noch als die LVF wurde die französische Miliz von der politischen Führung eines Mannes bestimmt: Joseph Darnand[37], geboren im Jahre 1897 in Coligny, verkörperte in den Jahren der Besatzung das Paradebeispiel eines faschistischen Kollaborateurs, der sich in seinem Selbstverständnis als „preux chevalier de la collaboration" einem Ethos des unbedingten Gehorsams und der militärischen Aufrichtigkeit verpflichtet sah. In dem Nachkriegsprozess gegen ihn und andere Kollaborateure beteuerte er ohne Anzeichen von Reue: „Et comme je veux vous répondre simplement, mais avec franchise, en soldat, je ne suis pas de ceux qui vont vous dire: ‚Monsieur le Premier Président, j'ai joué le double jeu'. Moi, j'ai marché simplement. Je suis fier de ce que j'ai fait. Je me suis trompé, mais j'ai agi de bonne foi. Je crois avoir servi."[38] Ähnlich wie in den Lebensläufen deutscher Nationalsozialisten finden sich die Gewalterlebnisse des Ersten Weltkrieges als prägende Wegmarken auch in der Persönlichkeitsentwicklung Darnands wieder.[39] Gleich zu Beginn des Ersten Weltkrieges meldete sich der Sohn eines Eisenbahners noch minderjährig zur Musterung, wurde zunächst wegen Untergewichts abgewiesen und erst zwei Jahre später für tauglich befunden. Der junge Darnand brach seine Ausbildung zum Möbeltischler ab und verdiente sich kurze Zeit später erste Meriten als Unteroffizier im Fronteinsatz gegen das Deutsche Reich. Seine außergewöhnliche Einsatzbereitschaft wurde erstmals im französischen Heeresbericht vom 30. November 1917 lobend erwähnt: „Sergent Darnand. Peloton des grenadiers d'élite. Se distingue journellement dans la bonne exécution

---

[37] Eigentlich Aimé-Joseph Darnand. Hier soll sein selbstgewählter Rufname verwendet werden. Vgl. Bayac, Jacques Delperrie de, Historie de la milice, 1918–1945, Paris 1969, S. 10.

[38] o. V., Les procès de la collaboration: Fernand de Brinon, Joseph Darnand, Jean Luchaire, Paris 1948, S. 257.

[39] Vgl. Segev, Tom, Soldiers of Evil, The Commandants of the Nazi Concentration Camps, Jerusalem 1987. Theweleit, Klaus, Männerphantasien, 2. Bde., Frankfurt am Main 1977. Zur „Kriegsjugendgeneration" siehe auch Wildt, Michael, Generation des Unbedingten, Das Führungskorps des Reichssicherheitshauptamtes, Hamburg 2008, insbesondere S. 67ff.

de patrouilles et d'embuscades en avant du front; a fait preuve de beaucoup d'entrain au cours d'un coup de main contre les premières lignes ennemies."[40] Als Mitglied einer Eliteformation für besonders gefährliche Fronteinsätze gelang es ihm an der Spitze eines Stoßtrupps im Sommer 1918, weit hinter den feindlichen Linien in der Champagne mehrere Dutzend Gefangene zu nehmen und detaillierte Informationen über einen bevorstehenden deutschen Angriff in Erfahrung zu bringen. Die deutsche Offensive konnte daraufhin abgewehrt werden, und die militärische Initiative blieb bis zum deutschen Waffenstillstandsgesuch im Oktober 1918 in diesem Frontabschnitt bei den französischen Truppen. Sergent Darnand wurde die Ehre zuteil, vom Staatspräsidenten Raymond Poincaré in einer Reihe mit Maréchal Foch und Ministerpräsident Georges Clemenceau als „artisan de la Victoire" gefeiert zu werden.[41] Die „Légion d'honneur" nahm ihn in ihre Reihen auf und dennoch blieb ihm der Einstieg in die Offizierslaufbahn verwehrt. Der Standesdünkel des französischen Offizierskorps der Dritten Republik setzte den Karriereambitionen Darnands ein jähes Ende. Obwohl er sich für drei weitere Jahre verpflichtete, bedeuteten ihm seine Vorgesetzten, dass es für ihn aufgrund seiner Herkunft aus einfachen Verhältnissen und seiner mangelnden Bildung keinen Platz an der Militärakademie in Saint-Maixent geben werde.

Im Sommer 1921 quittierte Darnand den Dienst und entwickelte sich fortan zum erbitterten Gegner der Dritten Republik.[42] In der Zwischenkriegszeit betätigte sich Darnand auf der Seite der extremen Rechten in Südfrankreich. In Nizza baute er erfolgreich ein Speditionsunternehmen auf, das es ihm erlaubte, mit der allgemeinen politischen Entwicklung und Stimmungslage im gesamten Südosten Frankreichs in Fühlung zu bleiben. Die „Association des anciens combattants" der nationalistisch-monarchischen „Action française" kürte den Weltkriegsveteranen zu ihrem Vorsitzenden. Im Jahre 1928 wurde er zum Anführer der „Camelots du roi" der Provence ernannt, jener paramilitärischen Organisation der „Action française", die den Terror gegen die

[40] Bayac, Jacques Delperrie de, Historie de la milice, S. 11.
[41] Gordon, Bertram, Un soldat du fascisme: L'évolution politique de Joseph Darnand, in: Revue d'histoire de la deuxième guerre mondiale 27 (1977) 108, S. 45ff.
[42] Brissaud, André, La dernière année de Vichy (1943–1944), Paris 1965, S. 113.

Republik auf die Straße trug.[43] Allerdings führten Streitigkeiten um die Selbständigkeit des Kampfverbandes noch im selben Jahr zum Austritt Darnands aus allen Verbänden der „Action française". Rückblickend schrieb er: „En 1928, j'ai donné ma démission de toutes ces organisations à la suite d'un différend avec le comité directeur de Paris sur une question d'organisation. J'aurais voulu que les camelots soient indépendants alors qu'ils restaient sous la tutelle de la lique d'Action française."[44]

Damit strebte Darnand die Entwicklung der „Camelot du roi" zu einer faschistischen Massenorganisation an, während die Führungsriege um den rund dreißig Jahre älteren Charles Maurras ihrem elitären Royalismus eines romantisch verklärten, vorrevolutionären Frankreichs treu blieb.[45] In einer Aussprache mit Maurras zieh ihn Darnand einen „vieux con", der die Zeichen der Zeit nicht erkannt hätte. Hier offenbarte sich der Generationenkonflikt mit der aufstrebenden französischen Rechten der dreißiger Jahre, die den Antisemitismus, Antikommunismus, die Germanophobie und den Hass auf die Republik der „Action française" entliehen hatte, aber mehr mit dem Faschismus als mit einer Rückkehr der Erbmonarchie liebäugelte.[46] Enttäuscht über fehlende terroristische Aktionen wandte sich Darnand als „Mann der Tat" radikaleren Gruppierungen zu. Er wurde Mitglied des „Croix de feu", der sich blutige Straßenschlachten mit der Polizei lieferte und engagierte sich in Doriots PPF. Als im Frühjahr 1936 die „Front populaire" aus Kommunisten und Sozialisten die Parlamentswahlen gewann, nahm er Kontakt mit dem umstürzlerischen Geheimbund „Organisation secrète d'action révolutionnaire nationale" (OSARN) von Eugène Deloncle

---

[43] Azéma, Jean-Pierre, La Milice, in: Vingtième Siècle, Revue d' histoire, 28 (1990), S. 85 und Gordon, Bertram, Un soldat du fascisme, S. 44.

[44] Zit. n. Bayac, Jacques Delperrie de, Historie de la milice, S. 20. Dort ohne Quellenangabe.

[45] Zur Ideologie der französischen Kollaboration siehe Wirsching, Andreas, Auf dem Weg zur Kollaborationsideologie, Antibolschewismus, Antisemitismus und Nationalsozialismus im Denken der französischen extremen Rechten 1936 bis 1939, in: Vierteljahreshefte für Zeitgeschichte 41(1993) S. 31–60.

[46] Zur Geschichte der Action française: Nolte, Ernst, Die Action française 1899-1944, in: Vierteljahreshefte für Zeitgeschichte 9 (1961), S. 124–166. Bayac, Jacques Delperrie de, Historie de la milice, S. 23 und Nolte, Ernst, Die faschistischen Bewegungen, München 1966, S. 289–297.

24

auf. Diese Verschwörung, die blutige Attentate auf Repräsentanten der Republik verübte, sollte von der Presse wegen der Kapuzen ihrer Jacken nur noch „La Cagoule" genannt werden. Darnand erklärte rückblickend: „J'étais à l'époque très anticommuniste, très anti Front-populaire. Des camarades appartenant à tous les partis de droit ont pensé, tous ces partis pris isolément étant faibles, qu'il fallait les unir pour pouvoir front le cas échéant à l'émeute. Ce qu'il s'agissait de faire c'était de réunir pour chaque groupement et de rechercher parmi les indépendants des hommes qui étaient décidés à se battre. Ils n'étaient pas nombreux, il s'agissait de les connaître. Nous nous sommes consultés entre camarade, et nous avons appris qu'un peu partout les éléments nationaux faisaient de même. C'est ainsi que nous sommes arrivés à entrer en rapport avec Deloncle [...]. J'ai eu des conversations avec ces personnes et celles représentant les organismes dont j'ai parlé. Elles comptaient sur moi pour organiser dans les Alpes-Maritimes un groupement similaire à ceux qui se montaient partout. C'est l'ensemble de ce mouvement qu'on a appelé à tort la Cagoule, nom venu du fait qu'une dizaine de pauvres types se réunissaient dans une cave à Nice, la tête couverte d'une cagoule."[47]

Bei Kriegsbeginn meldete sich Darnand freiwillig zu den Waffen und wandelte sich vom Helden des „Grande Guerre" zum Helden des „Drôle de Guerre": Im Februar des Jahres 1940 führte seine dreißig Mann starke Kampfeinheit ein Erkundungsunternehmen in der lothringischen Stadt Forbach durch, die kurz zuvor von den Franzosen geräumt worden war. In einem Scharmützel mit deutschen Truppen wurde Darnands Vorgesetzter und enger Freund Félix Agnély getötet. In dem ungeordneten Rückzug übernahm Darnand das Kommando und brachte die Einheit sicher hinter die französischen Linien zurück. Voller Gram darüber, dass er den leblosen Körper des Freundes zurücklassen musste, formierte er einen kleinen Trupp aus Freiwilligen und barg in einer riskanten Nacht-und-Nebel-Aktion die Leiche Agnélys. Dieses Husarenstück war in der Monotonie des Sitzkrieges eine willkommene Abwechslung für die an heroischen Geschichten arme französische Presse. In ganz Frankreich flimmerte Darnand von den

---

[47] Zit. n. Bayac, Jacques Delperrie de, Historie de la milice, S. 23f.

Leinwänden der Wochenschaukinos; sein Bild prangte auf dem Titelbild der Zeitschrift „Match".[48]

Nach der Niederlage im Juni 1940 geriet Darnand in deutsche Kriegsgefangenschaft, konnte jedoch aus dem Lager nahe Pithiviers in der besetzten Zone flüchten und schlug sich nach Nizza durch. In der freien Zone engagierte er sich in der von Maréchal Pétain ins Leben gerufenen „Légion des anciens combattants", die als Einheitsorganisation die ehemaligen Kriegsteilnehmer an den „Helden von Verdun" binden sollte. Jene Eliteformation hatte die Funktion zu erfüllen, als Transmissionsriemen der „Nationalen Revolution" Pétains den Einfluss der Veteranen im öffentlichen Dienst, innerhalb der Kommunen, der Départements und der Provinzen zu sichern. Von Beginn an war diesem Unternehmen allerdings wenig Erfolg beschieden, stieß doch die Tätigkeit der „Augen und Ohren des Maréchals" bereits bei den Mitarbeitern der Präfekturen auf erheblichen Widerstand.[49] Für Darnand war es weniger das Programm der „Nationalen Revolution", das sein Engagement für Vichy begründete, denn im Kern lief die „Nationale Revolution" auf die maurrasschen Ideen einer vorrevolutionären, nach dem autoritären Modell einer ständisch, ländlich und katholisch organisierten Gesellschaft hinaus, die der Faschist Darnand bei seinem Austritt aus der „Action française" bereits weit hinter sich gelassen hatte. Vielmehr boten ihm die Reste einer ideologischen Schnittmenge mit dem Vichy-Regime politische Aufstiegschancen, die ihm in der Dritten Republik verwehrt geblieben waren. Zudem übte das immense Prestige des Maréchals, der die siegreiche Tradition der französischen Armeen verkörperte, auf den militärisch sozialisierten Darnand eine erhebliche Anziehungskraft aus. Er übernahm den Vorsitz der Legion in Nizza und unter seiner Leitung avancierte die Sektion Alpes-Maritimes mit über 50 000 Anhängern zur mitgliederstärksten Abteilung. Pétain würdigte ihn mit mehreren Privataudienzen.[50] Dennoch behagte Darnand die Ausrichtung der Organisation nicht. Verärgert über die mangelnde Effizienz und die ideologische Verknöcherung

---

[48] Gordon, Bertram, Un soldat du fascisme, S. 47.

[49] Baruch, Marc Olivier, Das Vichy-Regime, Frankreich 1940–1944, Stuttgart 1999, S. 62.

[50] Gordon, Bertram, Un soldat du fascisme, S. 48 und Bene, Krisztián, La collaboration militaire, S. 405.

der „Légion des anciens combattant" gründete er mit seinen Wegge-
fährten Pierre Gallet, Marcel Gombert und Jean Bassompierre den paramilitärischen „Service d'ordre légionnaire" (SOL), der bis zum Ende
des Jahres 1941 in der gesamten unbesetzten Zone aktiv werden sollte.
„C'était la conséquence de cette Légion mal fichue", gab Darnand später im Prozess gegen ihn und andere Kollaborateure zu Protokoll.[51]
Bassompierre verstand die SOL als Sammelbecken der radikalsten
Kräfte des „neuen Frankreichs": „On avait recruté les éléments les plus
jeunes et les plus dynamiques pour leur donner une formation politique,
une éducation physique de façon à en faire un groupement paramilitaire
au service du gouvernement, prêt à suppléer la police en cas de mouvement insurrectionel."[52] So liest sich das Programm der SOL, das zwei
Jahre später ohne größere Veränderung zur Agenda der „Milice
française" werden sollte, als vollkommene Absage an das politische
System der Dritten Republik – jener Republik, die von den französischen Faschisten der dreißiger Jahre als „démocrassouillerie libérale",
als Anti-Frankreich der „judéobolcheviks" diffamiert und attackiert
wurde.[53] Das ideologische Kondensat der SOL/Milice waren „21
points", auf die alle Rekruten von Darnand persönlich vereidigt wurden. Die inhaltliche Übereinstimmung mit vielen Punkten des „25-
Punkte-Programms" der Nationalsozialistischen Deutschen Arbeiter-
partei (NSDAP) war dabei kaum zu übersehen.

Unter dem Vorzeichen einer „nationalen Wiedergeburt" ist die Mixtur
aus Antikapitalismus, Nationalismus, Antisemitismus, sind das Bekenntnis zu einem diffusen Christentum und die Parole „Gemeinnutz
vor Eigennutz" auf die französischen Verhältnisse nach dem Debakel
vom Juni 1940 gemünzt.[54] So wurden die Anwärter der SOL im Zere-
moniell des Gelöbnisses gefragt: „Etes-vous CONTRE LA DISSI-
DENCE GAULLISTE, POUR L'UNITÉ FRANÇAISE; CONTRE
LE BOLCHEVISME, POUR LE NATIONALISME; CONTRE LA
LÈPRE JUIVE, POUR LA PURETÉ FRANÇAISE; CONTRE LA
FRANC-MAÇONNERIE PAIENNE, POUR LA CIVILISATION

---

[51] o. V., Les procès de la collaboration, S. 254.
[52] AN Z6 (CJ) 389 bis 4110, zit. n. Azéma, Jean-Pierre, La Milice, S. 85.
[53] Vgl. Bene, Krisztián, La collaboration militaire, S. 212.
[54] Das Programm der NSDAP ist u. a. abgedruckt in: Hofer, Walther (Hg.), Der Nationalsozialismus, Dokumente 1933–1945, Frankfurt am Main 1957, S. 28.

CHRÉTIENNE?" Obwohl die „21 Punkte" der SOL die Negation der Werte der Französischen Revolution artikulierten, stand am Ende des Rituals das feierliche Absingen der „Marseillaise".[55]

Die SOL blieb indessen ein Teilverband der „Légion des anciens combattants", so dass Darnand immer noch ihrem Chef Raymond Lachal unterstand. Diese politische Einschränkung Darnands sollte sich erst im Januar 1943 mit der Gründung der „Milice française" auflösen. Seit der Rückkehr Lavals an die Macht in der Südzone im April 1942 hatte die PPF unter Doriot eine massive Propagandakampagne gegen den Ministerpräsidenten gestartet. Man warf Laval vor, die Kollaboration nur halbherzig zu betreiben und die Verwaltung nicht gänzlich vom alten republikanischen Personal gesäubert zu haben. Auf dem PPF-Parteitag Anfang November 1942, der unter dem Motto „Congrès du pouvoir" stattfand, stellte Doriot die Machtfrage. Laval, der in Vichy über keine vergleichbare Massenbasis wie Doriots Einheitspartei verfügte, und dessen Position von der Gnade Pétains abhängig war, sah sich zudem mit dem Anwachsen der Widerstandsbewegung des „Maquis" konfrontiert.[56] In dieser Konstellation schuf Laval die „Milice française" als politische Hausmacht und schlagkräftige Polizeikraft

---

[55] Vollständig lautet der Eid: „Etes-vous pour le redressement de l'âme française, CONTRE L'ÉGOISME BOURGEOIS, POUR LA SOLIDARITÉ HUMAINE; CONTRE LE SCEPTICISME, POUR LA FOI; CONTRE L'APATHIE, POUR L'ENTHOUSIASME; CONTRE LA ROUTINE, POUR L'ESPRIT D'INITIATIVE; CONTRE L'INFLUENCE, POUR LE MÉRITE; CONTRE L'INDIVIDUALISME, POUR LA SOCIÉTÉ; CONTRE L'ANCIENNTÉ, POUR LA VALEUR? Etes-vous pour la reconstruction d'un ordre politique conforme au génie française; CONTRE L'ANARCHIE, POUR LA DISCIPLINE; CONTRE ÉGALITARISME, POUR LA HIÉRACHIE; CONTRE LA VAINE LIBERTÉ, POUR LES VRAIES LIBERTÉS; CONTRE LA DÉMAGOGIE, POUR LA VÉRITÉ; CONTRE LA DÉMOCRATIE, POUR L'AUTORITÉ? Etes-vous pour un ordre social juste et humain, CONTRE L'ANONYMAT DES TRUSTS, POUR LA NOBLESSE DU MÉTIER; CONTRE LE CAPITALISME INTERNATIONAL, POUR LES CORPORATISME FRANÇAIS; CONTRE LA TUTELLE DE L'ARGENT, POUR LA PRIMAUTÉ DU TRAVAIL; CONTRE LA CONDITION PROLÉTARIENNE, POUR LA JUSTICE SOCIALE?" Zit. n. Bayac, Jacques Delperrie de, Historie de la milice, S. 117f.

[56] Wolf, Dieter, Die Doriot-Bewegung, S. 259 und Gordon, Bertram, Un soldat du fascisme, S. 53.

im Kampf gegen die „Résistance".[57] Da Darnand ein unanfechtbares Gegengewicht zur Ultrakollaboration der PPF darstellte, wurde er zum „secrétaire général de la Milice" ernannt. Auf der konstitutiven Sitzung der neuen Organisation am 30. Januar 1943 verkündete Darnand: „Nous avons manifesté hautement notre volonté de voir instaurer en France un régime autoritaire national et socialiste, permettant à la France de s'intégrer dans l'Europe de demain."[58] Von Anfang an erhielt die Miliz die Unterstützung des greisen Maréchals. Pétain legte fest: „La Milice doit être investie de toutes les missions d'avant-garde, notamment celles relatives au maintien de l'ordre, à la garde des points sensibles, à la lutte contre le communisme."[59]

Der Hauptsitz der Miliz befand sich in Vichy. Sie war nach Regionen und Départements organisiert, wobei Darnand alle wichtigen Funktionäre direkt ernannte.[60] Die soziale Zusammensetzung der Miliz war äußerst heterogen. In den Führungspositionen finden sich Adlige, Anwälte, Ärzte und einflussreiche Geschäftsleute, die in der Zwischenkriegszeit bereits in den Kreisen der extremen Rechten aktiv waren. Die Miliz rekrutierte in Gefängnissen und versprach inhaftierten „Maquisard" Straferlass bzw. die Verschonung von der Todesstrafe.[61] Auch Bauern verpflichteten sich angesichts besserer Verdienstmöglichkeiten oft. Nach unterschiedlichen Schätzungen erreichte die Miliz im Laufe ihrer Existenz eine Stärke von 30 000 Mann, wobei sich die Basis aus Angehörigen des unteren Mittelstandes und des Kleinbürgertums zusammensetzte. Im Winter 1943/44 schlossen sich ihr zunehmend auch Jugendliche an, so dass das Durchschnittsalter der Milizionäre bei 25 Jahren lag. Die hohe Besoldung und die Möglichkeit, dem „Service

---

[57] „Loi n°63 du 30 janvier 1943 relative à la Milice française." Dort heißt es: „La Milice française, qui groupe des Français résolus à prendre une part active au redressement politique, social, économique, intellectuel et moral de la France, est reconnue d'utilité publique." AN F1 3747, zit. n. Bene, Krisztián, La collaboration militaire, Annexe 22.
[58] AN F 60 1675 zit. n. Bene, Krisztián, La collaboration militaire, S. 211.
[59] Landemer, Henri (Pseudonym von Jean Mabire), La naissance de la Milice, in: Historia, hors-série 40, S. 27, zit. n. Bene, Krisztián, La collaboration militaire, S. 212.
[60] Gordon, Bertram, Un soldat du fascisme, S. 57.
[61] Bene, Krisztián, La collaboration militaire, S. 214.

du travail obligatoire" (STO) in Deutschland zu umgehen, waren oft Anreiz genug, den deutschen Besatzern zuzuarbeiten.[62]

Gegen Ende des Jahres 1943 nahm die Miliz den Kampf gegen jene Gruppen auf, die von ihr als Feinde auserkoren worden waren: Kommunisten, Gaullisten, Freimaurer und Juden. Listen verdächtiger Personen wurden erstellt, im Zusammenspiel mit der Besatzungsmacht erfolgten die oft willkürlichen Verhaftungen. Die brutalen Verhöre von Gefangenen, Hausdurchsuchungen, die jeder Rechtsgrundlage entbehrten, sowie beliebige Lebensmittelrequirierungen schürten den Hass der Bevölkerung auf die Miliz.[63] Allein zwischen Januar und August 1944 wurden 16 000 französische Juden durch die Zuarbeit der Milizionäre deportiert.[64] Erfolglos versuchte die Miliz durch gemeinnützige Aktionen das Wohlwollen der Bevölkerung zu gewinnen: Nach Bombenangriffen räumte sie den Schutt beiseite und verteilte Lebensmittel aus aufgespürten Untergrunddepots der „Résistance" an Bedürftige in den zerstörten Stadtvierteln.[65] Der Widerstand gegen Darnands Truppe wuchs dennoch. Bereits bis zum Herbst des Jahres 1943 waren 73 Milizionäre durch Attentate der „Résistance" getötet worden. Die Dynamik von Gewalt und Gegengewalt führte zur Eskalation des „guerre franco-française". Darnand ersuchte die Besatzungsmacht um eine stärkere Bewaffnung seiner Miliz und in Verhandlungen mit dem HSSPF Oberg und dem Chef des SS-Hauptamtes Gottlob Berger erwirkte er einen Tauschhandel: Für die Bereitstellung von Waffen und Material durch die SS wechselten rund 200 Milizionäre in die Reihen des neugegründeten „Französischen SS-Freiwilligen-Regiments" über. Nach längeren Debatten hatte das Vichy-Regime im Juli 1943 per Ge-

---

[62] Azéma, Jean-Pierre, La Milice, S. 98. Sprichwörtlich steht im Französischen für diesen Typus des jugendlichen Milizionärs/Kollaborateurs die fiktive Person „Lucien Lacombe", der Protagonist aus Louis Malles Spielfilm „Lacombe Lucien" aus dem Jahre 1974.

[63] Giolitto, Pierre, Histoire de la Milice, Paris 1997, S. 236.

[64] Klarsfeld, Serge, Vichy-Auschwitz, Die „Endlösung der Judenfrage" in Frankreich, Darmstadt 2007, S. 334.

[65] Bene, Krisztián, La collaboration militaire, S. 218.

setz eine Tätigkeit französischer Staatsbürger für die Waffen-SS autorisiert.[66] Im August 1943 wurde Darnand im Rang eines Sturmbannführers auf Adolf Hitler vereidigt.[67] Erst Ende Oktober sollten die Waffenlieferungen erfolgen, denn die SS öffnete nicht die eigenen Arsenale, sondern griff auf erbeutete Waffen aus den Beständen der Alliierten zurück.[68] Im Januar 1944 setzten die Deutschen den Eintritt Darnands in die höchste Regierungsebene durch. Der Generalsekretär der Miliz war fortan als „Secrétaire géneral pour le maintien de l'ordre" für alle Repressionsorgane verantwortlich. Weder Laval, noch Pétain wollten den Sturmbannführer auf diesem Ministerposten wissen, doch der HSSPF Oberg sah in ihm den geeigneten Mann, der mit größtem Eifer gegen die „Résistance" vorging.[69] Selbst der französische Polizeiapparat missbilligte die Neubesetzung: Beim Amtsantritt fand Darnand nur leere Büroräume vor, da die meisten seiner Untergebenen nicht zum Dienst erschienen waren.[70] Die erste Polizeiaktion gegen die Widerstandsbewegung endete prompt in einem Fiasko. Im Februar 1944 versuchten rund 1 700 Mann der Miliz den auf dem Plateau von Glières im Département Haute-Savoie verschanzten „Maquis" zu zerschlagen.

---

[66] „Loi n° 428 du 22 juillet 1943 aux engagements vonlontaires dans les formations antbolchevistes" Dort heißt es: „Les Français peuvent contracter un engagement volontaire pour combattre le bolchevisme hors du territoire dans les formations constituées par le gouvernement allemand (Waffen-SS) pour y être groupés dans une unité française." AN F 7 14956, zit. n. Bene, Krisztián, La collaboration militaire, Annexe 31. Zu den Debatten um einen französischen Waffen-SS-Verband siehe auch Kapitel IV dieser Studie.

[67] Der hochdekorierte Veteran Darnand versuchte diesen Schritt rückblickend zu rechtfertigen: „Je trouvais naturel puisque j'engageais des camarades à partir, de faire le même geste qu'eux. J'ai prête ce serment parce que d'abord, il m'engageait seulement lorsque j'étais au front, c'est-à-dire sur le front de l'Est, puisque les lois françaises, les lois qui protégeaient ceux de la LVF, ne nous engageaint que lorsque nous étions sur le front. J'ai donc prêté ce serment. J'ai revêtu l'uniforme allemand une fois." zit. n. Charbonneau, Henry, Le roman noir de la droite française, Paris 1980, S. 286f.

[68] Bene, Krisztián, La collaboration militaire, S. 220.

[69] Vgl. Abetz, Otto, Das offene Problem, Ein Rückblick auf zwei Jahrzehnte deutscher Frankreichpolitik, Köln 1951, S. 269. Dort heißt es: „Im Innenministerium wurde das Generalsekretariat für die ‚Aufrechterhaltung der öffentlichen Ruhe und Ordnung' geschaffen und – in diesem Falle – nicht ganz ohne Druck auf Laval dem Chef der französischen Miliz Joseph Darnand [...] übertragen."

[70] Kasten, Bernd, „Gute Franzosen", Die französische Polizei und die deutsche Besatzungsmacht im besetzten Frankreich 1940–1944, Sigmaringen 1993, S. 120.

Obwohl Darnands Einsatzkräfte zahlenmäßig überlegen waren, konnten die „Maquisard" erst durch das Eingreifen deutscher Truppen versprengt werden.[71] Im August 1944 siedelte Darnand als Regierungsmitglied ins Exil nach Sigmaringen, dem Sitz der „Délégation gouvernementale français", über. Der Großteil der Miliz sollte in die Division „Charlemagne" der Waffen-SS übergehen.[72]

---

[71] Kasten, Bernd, „Gute Franzosen", S. 124.
[72] Baruch, Marc Olivier, Das Vichy-Regime, S. 168.

IV. Die „SS-Division Charlemagne"

Seit Anfang Dezember 1942 verfolgte der Reichsführer-SS (RFSS) Heinrich Himmler das Ziel, einen SS-Sturmbann französischer Freiwilliger aufzustellen, der den Stamm einer späteren SS-Standarte bilden sollte. Himmler lehnte die Rekrutierung aus den Reihen der LVF kategorisch ab und bestand ausdrücklich auf der Anwerbung „besonders gutrassige[r], germanisch aussehende[r] und germanisch denkende[r] Menschen". Mit Nachdruck schrieb er: „Die französische Legion kommt als Stamm in keiner Weise in Frage und bleibt beim Heer."[73] Hiernach bemühte sich Himmler ostentativ, das SS-spezifische Auslesekriterium der „rassischen" Eignung für die neu anzuwerbenden französischen SS-Freiwilligen zu wahren, denn zum ersten Mal dehnte er mit Erfolg, das heißt mit der Zustimmung Hitlers, zur Rekrutierung fremdländischer Waffen-SS-Männer die Konstruktion einer „germanischen" Herkunft auf den „romanischen" Raum aus. Bislang hatte die Waffen-SS ihre personellen Ressourcen im Ausland aus der Gruppe der sogenannten „Volksdeutschen" und der Angehörigen der „germanischen" Länder (Skandinavier, Niederländer, Flamen) geschöpft.[74] Allerdings war die Idee, auch in Frankreich die Expansion der Waffen-SS voranzutreiben, nicht erst zu diesem Zeitpunkt entstanden. Bereits im August 1940 führte der Chef des SS-Hauptamtes Gottlob Berger in einem Bericht an Himmler vor, dass man bei „der Zusammenfassung der Männer deutschen Blutes aus den Niederlanden, Belgien und Frankreich" bei einer zweiprozentigen Auswahl der Jahrgänge 1918, 1919 und 1920 pro Jahr mit einer Rekrutierung von 2 664 Mann rechnen könne.[75] Dennoch verwirklichte sich Himmlers Projekt zum Aufbau eines SS-Sturmbannes aus französischen „Germanen" erst, als sich

---

[73] Himmler an Hitler, 12.12.1942, BArch, NS 19/2251, Bl. 2. Ein SS-Sturmbann entspricht der Größe eines Bataillons. Eine SS-Standarte entspricht in etwa einem Regiment.

[74] Longerich, Peter, Heinrich Himmler, Biographie, München 2008, S. 622ff. und Stein, George H., Geschichte der Waffen-SS, Düsseldorf 1967, S. 137.

[75] Berger an Himmler, 7.8.1940, BArch, NS 19/1711, Bl. 2. Hitler fand an Himmlers Germanisierungsabsichten in Frankreich wenig Gefallen. Beim abendlichen Gespräch an der Tafel Hitlers im Führerhauptquartier („Wolfsschanze") deklamierte Himmler am 5. April 1942, „daß man mit dem französischen Problem seiner Ansicht

das Deutsche Reich in einer militärisch prekären Situation befand: Mit dem Stocken des deutschen Vormarsches Ende 1942 und der Niederlage der 6. deutschen Armee in der Schlacht von Stalingrad Anfang des Jahres 1943 wandte sich Hitler zunehmend vom Heer ab und setzte auf die Kampfkraft der Waffen-SS, die ihren Einfluss im militärischen Machtgeflecht in den folgenden Jahren vergrößerte. Allerdings hatte die Waffen-SS bereits mit den Schlachten im Frühjahr und Sommer des Jahres 1943 bei Charkow und im Kursker Bogen ihre letzten Personalpolster aufgebraucht.[76] Der Anwerbung reichsdeutschen Personals waren zudem quantitative Grenzen gesetzt. Insbesondere nach dem deutschen Debakel von Stalingrad deckte sich das Expansionsstreben der SS nun mit den Interessen des Reiches, mehr Soldaten zur Fortsetzung des Krieges zu gewinnen. Dazu musste die Waffen-SS notwendigerweise die Grenzen, die sie sich selbst in der Rekrutierung von Freiwilligen gesetzt hat, überschreiten.[77]

---

nach am ehesten fertig würde, wenn man alljährlich einmal unter der germanischen Bevölkerung Frankreichs einen blutsmäßigen Fischzug durchführe." Himmler führte sein Vorhaben weiter aus: „Man müsse versuchen, die Kinder dieser Bevölkerungsschicht in frühester Jugend in deutsche Internate zu bringen und sie dort von ihrer zufälligen französischen Nationalität abzulenken und sie auf ihr germanisches Blut und damit auf ihre Zugehörigkeit zum großen germanischen Volk hinzuweisen." Der Leiter der Partei-Kanzlei Martin Bormann bezeichnete die Ansichten Himmlers als „finstere Theorie", und Hitler kommentierte, dass er „an sich kein besonderer Freund von allen Eindeutschungsversuchen" sei, „soweit es nicht gelinge, sie weltanschaulich zu sichern". Siehe Picker, Henry, Hitlers Tischgespräche, München 1968, S. 92. Angemerkt sei an dieser Stelle, dass es bereits 1942 in der Nähe von Paris eine Klinik der Organisation „Lebensborn" gab, um Kinder von in Frankreich ansässigen Frauen aufzunehmen. Siehe Burrin, Philippe, Das Beispiel Frankreich, in: Der nationalsozialistische Krieg, hrsg. v. Norbert Frei und Hermann Kling, Frankfurt am Main 1990, S. 199. Zur Problematik der „Tischgespräche" als historische Quelle siehe Nilsson, Mikael, Hitler redivivus, „Hitlers Tischgespräche" und „Monologe im Führerhauptquartier". Eine kritische Untersuchung, in: Vierteljahreshefte für Zeitgeschichte 67 (2019), S. 105–146.

[76] Rohrkamp, René, „Weltanschaulich gefestigte Kämpfer": Die Soldaten der Waffen-SS 1933–1945, Paderborn 2010, S. 522f.

[77] Leleu, Jean-Luc, Jenseits der Grenzen, S. 35. Die neuere Forschung zum Thema sieht den Grund für die Expansion der Waffen-SS im Machtstreben der Reichsführung-SS, sich als „Parallelarmee" zur Wehrmacht zu behaupten. Um ihre Einflusssphäre zu behaupten, musste sie – so der französische Historiker Jean-Luc Leleu – zu diesem Zeitpunkt zwangsläufig auf ausländische Rekruten zurückgreifen. Für Leleu

Die zukünftige französische SS-Standarte sollte den Namen „Karl der Große" oder „Gobineau" tragen, benannt nach Arthur de Gobineau, der von Himmler als „Begründer der Rassenlehre" und „Erwecker germanischen Denkens in Frankreich" gefeiert wurde.[78] Letztendlich setzte sich das französische Äquivalent „Charlemagne" durch, vermutlich weil die transnationale Figur Karls des Großen mühelos für die paneuropäische Propaganda der Waffen-SS instrumentalisiert werden konnte – eine Propaganda, die bei Hitler und Goebbels allerdings kei-

---

war die Fiktion vom „Germanentum" der Franzosen ein Mittel zum Zweck, ausländisches Personal für die Waffen-SS zu rekrutieren: „Mit zweierlei Ausflüchten gelang es der Reichsführung-SS zunächst, sich den neuen Gegebenheiten anzupassen (wobei sie hier zeitweise der Selbsttäuschung erlag): Die erste bestand in der Aufrechterhaltung der Chimäre des „Germanentums" der baltischen, französischen, wallonischen und bosnischen Freiwilligen. Die zweite [im Falle der Ukrainer, S. H.] bemühte das Erbe des österreichisch-ungarischen Kaiserreiches." Ob es sich um „Ausflüchte" und um „Selbsttäuschungen" des Reichsführer-SS handelte, sei dahingestellt, insbesondere wenn man davon ausgeht, dass Himmlers Germanenkult grundsätzlich auf einer variablen pseudowissenschaftlichen Fiktion, die teils wie ein sprachlicher Code verwendet wurde, beruhte. Leleu zufolge hätte Himmler im Falle der französischen SS-Freiwilligen seine Phantasie über Gebühr strapazieren müssen, um eine „germanische" Abstammung der Franzosen zu konstruieren. Die „germanische" Herkunft der baltischen Anwärter hingegen sei leicht am Phänotyp der Rekruten zu taxieren gewesen: „Ayant pu se convaincre de visu, Himmler n'a pas eu à trop violenter son orthodoxie raciale pour appliquer cette fiction aux formations baltes[...]. Pour les suivantes, son imagination a toutefois été davantage mise à contribution. Lorsqu'il a ainsi soumis à Hitler l'idée de constituer un bataillon SS français […], il s'est empresseé de préciser que la ‚Légion des volontaires français' (LVF) existante ne viendrait 'en aucune manière en question comme noyau de la nouvelle unité […]." Siehe Leleu, Jean-Luc, La Waffen-SS, Soldats politiques en guerre, Paris 2007, S. 71. Ferner Leleu, Jean-Luc, Jenseits der Grenzen, Militärische, politische und ideologische Gründe für die Expansion der Waffen-SS, in: Die Waffen-SS, Neue Forschungen, hrsg. v. Jan Erik Schulte, Peter Lieb, Bernd Wegner, Paderborn 2014, S. 25 und 35. Dem ist hinzuzufügen, dass bereits lange vor Himmlers erfolgreicher Initiative zum Aufbau eines französischen SS-Sturmbannes bestimmte Gruppen in Frankreich der „germanische Rasse" zugerechnet wurden. Siehe Grunert, Robert, Der Europagedanke westeuropäischer faschistischer Bewegungen 1940–1945, Paderborn 2012, S. 78. Ferner Schöttler, Peter, Die historische „Westforschung" zwischen „Abwehrkampf" und territorialer Offensive, in: Geschichtsschreibung als Legitimationswissenschaft 1918–1945, hrsg. v. Peter Schöttler, Frankfurt am Main 1997, S. 216f. Siehe auch Kapitel IX dieser Studie.
[78] Himmler an Hitler, 12.12.1942, BArch, NS 19/2251, Bl. 2.

nen Anklang fand und darüber hinaus eher taktischen, als realpolitischen Zielstellungen der SS diente.[79] Zudem erscheint das Namenspatronat des fränkischen Königs und Kaisers des Heiligen Römischen Reiches integrativer, bediente es stärker als der Name Gobineau den Nationalismus der französischen Kollaborateure. Dennoch verwundert die Namenswahl, bedenkt man, dass der Reichsführer-SS Karls historische Rolle lange Zeit negativ bewertete. Wiederholt machte Himmler „Karl den Franken" in öffentlichen Reden für die in seinen Augen verwerfliche Christianisierung der Germanen und für die brutale Repression während der Sachsenkriege (772–804) verantwortlich. Erst im Frühjahr 1944 rang er dem Wirken des Kaisers Positives ab.[80] Karl der Große sei „viel umstritten, viel verehrt und letzten Endes doch – bei allen Dingen, die wir [...] nicht schön finden, die wir aber im Machtkampf um die Bildung eines Reiches verstehen müssen – , der Große, weil er des Reiches Gründer ist."[81] Damit näherte er sich den Ansichten Hitlers an, der im Frühjahr 1942 bei Gesprächen im Führerhauptquartier („Wolfsschanze") offenbar davor warnte, „einen Heroen wie Karl den Großen als Karl den Sachsenschlächter zu bezeichnen."[82] In diesen von Henry Picker verfassten Monologen Hitlers heißt es: „Gemeinschaft lasse sich

---

[79] An ein vereintes Europa unter Gleichen war seitens des Deutschen Reiches zu keinem Zeitpunkt gedacht. Vgl. Schöttler, Peter, Dreierlei Kollaboration, S. 386. Demgegenüber war die Europamythologie in der SS-Propaganda omnipräsent. So schrieb der einflussreiche NS-Propagandist und Leiter der „Kulturpolitischen Abteilung im Auswärtigen Amt" Franz Alfred Six: „Mit dem Abwehrkampf gegen den bolschewistischen Machtstaat ist zugleich das Zeitalter der europäischen Binnenkriege überwunden und die Phase der europäischen Einigungskriege vor ihren Abschluß gerückt. Die ehemals feindlichen Völker Europas finden sich in dem Kampf gegen die gemeinsame Bedrohung des Ostens. Die Proklamation der politischen Führer der Nationen zur Verabschiedung ihrer Freiwilligenlegionen sind Proklamationen des Neuen Europa." Siehe Six, Franz Alfred, Europa, Tradition und Zukunft, Hamburg 1944, S. 115. Ferner Hachmeister, Lutz, Der Gegnerforscher, Die Karriere des SS-Führers Franz Alfred Six, München 1998. Zur Europaideologie des Nationalsozialismus siehe Oexle, Otto Gerhard, Leitbegriffe – Deutungsmuster – Paradigmenkämpfe, Über Vorstellungen vom „Neuen Europa" in Deutschland 1944, in: Nationalsozialismus in den Kulturwissenschaften, hrsg. v. Hartmut Lehmann und Otto Gerhard Oexle, Bd. 2, Göttingen 2004, S. 13–40 und Kletzin, Birgit, Europa aus Rasse und Raum, Die nationalsozialistische Idee der Neuen Ordnung, Münster 2000.

[80] Longerich, Peter, Heinrich Himmler, S. 281.

[81] Rede vor Offizieren der Wehrmacht, 24.5.1944, BArch, NS 19/4014.

[82] Picker, Henry, Hitlers Tischgespräche, S. 70.

eben nur durch Gewalt schaffen und erhalten. Man dürfe deshalb Karl den Großen nicht verurteilen, wenn er die – von ihm für das deutsche Volk für erforderlich gehaltene – staatliche Organisation durch Gewalt zusammengebracht hätte.""[83]

Im März 1943 nahm das Projekt, einen französischen SS-Sturmbann aufzustellen, konkrete Formen an. Der Deutsche Botschafter Abetz wurde vom Amt D II des SS-Hauptamtes ("Germanische Leitstelle") über das Vorhaben informiert und nahm gegenüber seinem Dienstherrn in Berlin die Rolle des Fürsprechers ein. Für Abetz war die Aufstellung eines französischen Freiwilligenverbandes "in jeder Hinsicht fördernswert, und von großer politischer Bedeutung". Ganz im Sinne der Intentionen Himmlers, mit dem Freiwilligenverband ein Sammelbecken für "germanisch aussehende und germanisch denkende Menschen" in Frankreich zu schaffen, präsentierte der Botschafter das aufzustellende "Regiment Karl der Große" dem Reichsaußenminister Ribbentrop als Kerntruppe einer künftigen Germanisierung französischer Gebiete: "Wenn im Friedensvertrag nicht daran gedacht sein sollte, das gesamte Frankreich unter den politischen und militärischen Schutz des Reiches zu nehmen, sondern die noch germanische Rasse enthaltenden Gebiete, so könnte ein Regiment ‚Karl der Große' ein wirksamer propagandistischer Ausgangspunkt für eine derartige politische Entwicklung werden."[84] Doch das hochtrabende Ziel einer ideologisch verbrämten Germanisierungspolitik für die kommende Nachkriegszeit prallte schnell auf die realpolitischen Zustände im besetzten Frankreich des Jahres 1943. Zum einen ließ sich das Verhältnis eines zweiten französischen Freiwilligenverbandes zur bereits kämpfenden "Légion des volontaires français contre le bolchevisme" nicht problemlos bestimmen. Zum anderen pokerten im institutionellen Durcheinander alle beteiligten Akteure um ihre eigenen Einfluss- und Machtsphären.

---

[83] Picker, Henry, Hitlers Tischgespräche, S. 101. Eine ähnliche Entwicklung der Karl-Rezeption spiegelt sich in der nationalsozialistischen Bildungspolitik wider. Bis 1938 wurde in den Lehrplänen für die Schulen abwertend von "Karl dem Sachsenschlächter" gesprochen. Zur Zeit des Zweiten Weltkrieges galt Karl der Große dort als Einiger der germanischen Stämme und Archeget einer deutsch-germanischen Hegemonialherrschaft in Europa. Vgl. Picker, Henry, Hitlers Tischgespräche, S. 70.
[84] Notiz für den Herrn RAM, 2.3.1943, PA AA, R 100992.

So erkannte die Deutsche Botschaft in Paris binnen Kurzem, dass das Projekt unter den Vorzeichen einer Germanisierungsabsicht selbst bei Ultrakollaborateuren wie Doriot und Darnand keine Unterstützung finden würde. Der PPF-Führer Doriot legte dem HSSPF Oberg im März 1943 dar, dass er grundsätzlich bereit sei, sich „für diese neue Formation einzusetzen", doch „wenn es sich hierbei um einen Germanisierungsprozess handeln solle", könne er nicht mit von der Partie sein. Doriot weiter: „Wenn es sich jedoch um eine Beteiligung an der europäischen nationalsozialistischen Revolutionsarmee handele, so stehe er zur Verfügung." Der Führer der französischen Miliz Joseph Darnand sicherte dem Projekt seine Unterstützung zu, jedoch nur unter dem Vorbehalt, dass ein künftiger SS-Freiwilligenverband nicht gegen den inneren Feind auf französischem Boden eingesetzt werden würde.[85] Auch die Vertreter der Staatskollaboration wie Vichy-Botschafter de Brinon beschieden dem Unternehmen nur Erfolgsaussichten, wenn der nationale Charakter gewahrt und die SS-Sonderformation als ein Teil der LVF definiert wäre. Das sei nach de Brinon nur möglich, wenn „das Regiment ‚Karl der Große' der Öffentlichkeit präsentiert würde als eine zusätzliche Eliteformation der zu verstärkenden französischen Freiwilligenlegion gegen den Bolschewismus, wobei diese Eliteformation im Rahmen der deutschen Eliteformation der Waffen-SS eingesetzt werden sollte." De Brinon weiter: „Bei diesem Vorgehen könnten die Angehörigen des Regiments Karl der Große erklären, sie gehörten einer französischen Einrichtung, nämlich der französischen Freiwilligenlegion, an."[86] Während der HSSPF Oberg auf seinem Befehl zur Aufstellung eines französischen SS-Verbandes insistierte, trafen die französischen Einwände beim deutschen Botschafter in Paris auf ein größeres politisches Entgegenkommen. Abetz versuchte zumindest auf die französischen Befindlichkeiten einzugehen und die Konflikte mit der LVF einzudämmen, indem er dem Auswärtigen Amt für die Verhandlungen mit Laval eine angepasste Strategie vorlegte. Demnach sollte die Rekrutierung für die Waffen-SS entgegen der Position Himmlers nun doch aus dem Bewerberkreis der LVF erfolgen und die Versorgungsleistungen (erhöhte Lebensmittelrationen, Familienbeihilfe u.a.) der neuen Rekruten von der Legion übernommen werden. Zudem favorisierte

---

[85] Krug an Schleier, 28.6.1943, PA AA, R 100992.
[86] Telegramm Achenbach, 19.3.1943, PA AA, R 100992.

Abetz wegen der erwartbaren ablehnenden Haltung vieler Franzosen die Anwerbung französischer Freiwilliger in deutschen Arbeits- und Kriegsgefangenenlagern.[87] Abetz brachte sogar einen frankreicherfahrenen eigenen Mann für die Stelle des Werbers der Waffen-SS ins Rennen und empfahl dem Auswärtigen Amt, um weitere Konkurrenzen einzuhegen, die LVF unter der Namenspatenschaft Napoléon Bonapartes neu zu gruppieren. Nicht ohne Gespür für die prophetische Tragik diese Namens schrieb er: „Es würde sich dann [wenn die soziale Betreuung des neuen SS-Verbandes von der LVF übernommen wird, S.H.] auch empfehlen, dem schon bestehenden Regiment [der LVF, S.H.] neben seiner Nummer als Einheit der deutschen Wehrmacht den Namen einer geschichtlichen Persönlichkeit zu verleihen, wobei trotz des unglücklichen Ausganges des Feldzuges von 1812 ‚Napoleon' in erster Linie in Frage käme, da bei den Franzosen der Gedanke propagiert werden kann, daß sie heute unter deutscher Führung das von Napoleon begonnene militärische Unternehmen in Rußland fortsetzen und zum guten Ende führen."[88]

Beim Vichy-Regime stieß das Unternehmen, französische Freiwillige für eine „europäische SS" anzuwerben, auf erhebliche Widerstände. In den Unterredungen mit dem Auswärtigen Amt versuchte Ministerpräsident Pierre Laval den Eindruck einer grundsätzlich kooperativen Haltung zu vermitteln, doch bestimmten die hinhaltenden und ablehnenden Argumente den Takt der Diplomatie. Laval nahm von einer staatlich-offiziellen Werbung für den Freiwilligenverband Abstand, da „eine von der französischen Regierung mit unzureichendem Ergebnis durchgeführte Propaganda-Aktion […] eine starke Belastung" bedeuten würde. Mit diplomatischer Raffinesse argumentierte er, dass einer Anwerbung unter französischen Staatsbürgern erst Erfolg beschieden sein könne, wenn mit dem Abschluss eines Friedensvertrages der letzte französische Soldat aus deutscher Kriegsgefangenschaft entlassen und den Freiwilligen das Tragen französischer Uniformen gestattet werden würde. Damit schnitt er schlechterdings Forderungen an, auf die die

---

[87] Diese Überlegung geht auf einen Vorschlag der Deutsch-Französischen Gesellschaft (DFG) zurück. Siehe Telegram Reichel, 9.4.1943, PA AA, R 100992.
[88] Notiz für Herrn LG Wagner, 16.4.1943, PA AA, R 100992.

beteiligten deutschen Stellen niemals eingehen würden.[89] Zudem wollte Laval seinen Einfluss auf den SS-Verband wahren, indem er eine Rekrutierung aus den Reihen der „Milice française" den Vorrang gab. Ohne größeres Aufsehen sollte das Statut der LVF auch für die Waffen-SS Anwendung finden, wobei selbst die Bezeichnung des neuen Verbandes keine Verbindung mit der SS vermuten lassen sollte. In der Korrespondenz des Auswärtigen Amtes vom Juni 1943 heißt es: „Herr Laval legt Wert darauf, dass das SS-Regiment in der Hauptsache aus den Kreisen der Miliz rekrutiert wird, damit dieses nicht den Parteicharakter erhält wie früher die LVF. […] Das bisher für die LVF bestehende Dekret wird durch zusätzliches Dekret ohne nähere Bezeichnung des SS-Regiments auf alle etwa neu gebildeten französischen Formationen, die für den Einsatz an deutscher Seite im Osten vorgesehen sind, ausgedehnt. Hierdurch soll vermieden werden, dass eine Gegenpropaganda gegen das neue SS-Regiment von kommunistischer Seite erfolgt. Ausserdem soll den Empfindsamkeiten patriotischer französischer Kreise Rechnung getragen werden. […] Französischerseits wurde deshalb vorgeschlagen, dem Regiment den Namen Franc-Garde de France (Freikorps Frankreich) zu geben, um damit eine zu starke Prononcierung des Wortes SS zu vermeiden."[90] Bis zuletzt versuchte die Regierung in Vichy das Vorhaben, einen französischen SS-Freiwilligenverband aufzustellen, auszubremsen und dem Projekt einen eigenen nationalen Anstrich zu geben, der jede Verbindung eines französischen Kampfverbandes mit der Waffen-SS eskamotieren sollte. Schließlich tauchte im Dekret 428 vom Juli 1943, das das Engagement französischer Staatsbürger in Himmlers Schutzstaffel legalisierte, die Bezeichnung Waffen-SS nur unauffällig in Klammern gesetzt auf.[91]

Die attentistische bis zurückweisende Position des Vichy-Regimes lag nicht zuletzt darin begründet, dass weder die SS noch das Auswärtige

---

[89] Telegramm Schleier, 5.6.1943, PA AA, R 100992. Der Leiter der „Germanischen Leitstelle", SS-Obersturmbannführer Dr. Franz Riedweg, betonte ausdrücklich, „dass wir den Franzosen keinerlei politische Versprechungen machen können." Ferner käme der Vorschlag Lavals, die Soldaten in landeseigener Uniform kämpfen zu lassen, „natürlich nicht in Frage". Niederschrift der Sitzung am 30. Juni 1943 im AA, PA AA, R 100992.

[90] Krug an Schleier, 28.6.1943, PA AA, R 100992.

[91] Zum Gesetz 428 siehe Kapitel III dieser Studie.

Amt bereit waren, auf die politischen Forderungen Lavals einzugehen oder gar Anreize zu schaffen, um französische Hilfstruppen anzuwerben. Das SS-Hauptamt und das Auswärtige Amt verfolgten die Linie, dass neben den höheren Verdienstmöglichkeiten in der SS die antibolschewistische Propaganda die jungen Leute in die Werbebüros treiben würde: „Es können keinerlei politische Versprechungen gemacht werden. Es wäre hauptsächlich der gewisse ideelle Anreiz des aktiven Beitrags der französischen Jugend zur Teilnahme am Kampf gegen den Bolschewismus." Eine Zwangsrekrutierung unter Kriegsgefangenen oder Arbeitskräften in Deutschland wurde ausgeschlossen, um jeglichen Eindruck zu vermeiden, dass man von ausländischen Helfern abhängig sei: „Da ist zunächst die völlige Freiwilligkeit der ganzen Aktion. Die Werbung darf unter keinen Umständen eine Mobilisierung der französischen Kriegsgefangenen und Arbeiter für den Osteinsatz sein. Es darf nicht so aussehen, als ob die ganze Sache lebenswichtig für uns sei. Diese Einstellung wäre der gegnerischen Propaganda Wasser auf ihre Mühlen."[92] In dieser Paradoxie sollte fortan die Politik deutscher Stellen stehen: Einerseits war es insbesondere nach der Niederlage in der Schlacht von Stalingrad unerlässlich, die horrenden Verluste an der Ostfront auszugleichen, andererseits war man keineswegs bereit, mit den französischen Kollaborateuren auf Augenhöhe zu verhandeln. Es hieß, „der Führer brauche Soldaten", doch es sollte nicht der Eindruck entstehen, dass „die ganze Sache lebenswichtig" für den Sieg deutscher Truppen sei.[93]

Nachdem das Dekret 428 im Juli 1943 erlassen worden war, das die Angehörigen des künftigen SS-Freiwilligenverbandes versorgungsrechtlich den Legionären der LVF gleichstellte[94], startete in zahlreichen

---

[92] So der Vertreter des AA, Legationsrat Dr. Wagner, Niederschrift der Sitzung am 30. Juni 1943 im AA, ohne Datum, PA AA, R 100992.

[93] „Der Führer brauche Soldaten. Wir haben die Möglichkeiten, ihm diese zu stellen, die wir bis zum Letzten ausnutzen wollen." Legationsrat Dr. Wagner, Niederschrift der Sitzung am 30. Juni 1943 im AA, PA AA, R 100992.

[94] „Article 2. Ceux qui appartenant à cette unité, combattront effectivement hors du territoire, bénéficieront des avantages prévus par les lois et règlements relatifs à la Légion des volontaires contre le bolchevisme." AN F 7 14956, zit. n. Bene, Krisztián, La collaboration militaire, Annexe 31. Diese Gleichstellung existierte nur auf dem Papier. Tatsächlich waren die Besoldung und Zulagen in der Waffen-SS höher. Siehe

französischen Städten eine Plakatkampagne, die ganz auf die Europa- und Antibolschewismuspropaganda der SS ausgerichtet war. Slogans wie „Coude à coude contre l'ennemi commun! Division française de la Waffen SS", „Avec tes camarades européens sous le signe SS tu vaincras!" oder „Si tu veux que la France vive, tu combattras dans la Waffen-SS contre le bolchevisme" suggerierten den potentiellen Anwärtern, gleichauf mit den Deutschen als Verteidiger des Vaterlandes in die Entscheidungsschlacht um das „Neue Europa" eintreten zu können.[95] Allerdings war der Werbekampagne nur ein mäßiger Erfolg beschieden: Schätzungen zufolge bewarben sich zwischen Juli 1943 und Januar 1944 rund 6 000 Männer, mit denen sich zahlenmäßig keine Division aufstellen ließ. Neben Arbeitern und Angestellten bestand gut ein Viertel der Bewerber aus Studenten, so dass das Durchschnittsalter der Kandidaten weit unter jenem der LVF und der „Milice française" lag. Rund 36 Prozent der Rekruten waren unter 20 Jahre alt.[96] Unter denjenigen, die sich freiwillig meldeten, trug die „Europapropaganda" Früchte. Im Gegensatz zu den Kombattanten der LVF enthusiasmierte die jungen Rekruten neben dem Engagement für eine Eliteformation offenbar die Idee des supranationalen Europas, so dass ihnen die „Légion des volontaires français contre le bolchevisme" als Träger eines überholten kleinbürgerlichen Nationalismus erschien. Der damals 24-jährige Henri Fenet beschrieb in der Rückschau seine Motivation wie folgt: „Von Ende 1942 an, ab Stalingrad, ist der Europa-Gedanke der Hauptgedanke gewesen. Der Wert ‚Vaterland' konnte nur durch die Gründung eines einigen Europa gerettet werden. Die europäische Identität und damit die einzelnen nationalen Identitäten wären in Gefahr geraten, wenn Europa vom amerikanischen Kapitalismus oder vom sowjetischen Bolschewismus beherrscht worden wäre."[97]

Telegramm Hofman, Unterschiedliche Behandlung Angehöriger der französischen Freiwilligenlegion und der französischen Waffen-SS, 23.9.1943, PA AA, R 100992.

[95] Bene, Krisztián, La collaboration militaire, S. 247.

[96] Ebd., S. 248. Vgl. Neulen, Hans Werner, An deutscher Seite, Internationale Freiwillige von Wehrmacht und Waffen-SS, München 1985, S. 109f.

[97] Mitteilung von Herrn Henri Fenet, 7.5.1981, zit. n. Neulen, Hans Werner, An deutscher Seite, S. 108f. Unüberhörbar in der retrospektiven Deutung des Zeitzeugen ist die bipolare Blockbildung des Kalten Krieges.

Nach einem kurzen Training im SS-Ausbildungslager „Sankt Andreas" im elsässischen Cernay (Sennheim) wurde im August 1943 das „Französische SS-Freiwilligen-Regiment" aufgestellt, wobei französisches Führerpersonal die Truppenteile befehligte. Da die Kommandosprache gemäß den Regelbestimmungen der Waffen-SS die deutsche Sprache war, und insbesondere die jungen Rekruten oftmals an der Sprachbarriere scheiterten, wurden ab 1944 verstärkt bilinguale „Volksdeutsche" Lothringer und Elsässer für die Erledigung der organisatorischen Abläufe zur französischen Waffen-SS abkommandiert.[98] Bereits Ende August wurde das „Französische SS-Freiwilligen-Regiment" als Teil der „18. SS-Division Horst Wessel" in Galizien gegen die Rote Armee eingesetzt.[99] Ab Juli 1944 firmierte das Regiment unter der Bezeichnung „Französische SS-Freiwilligen Sturmbrigade". Bis zuletzt blieb der französische Freiwilligenverband der Waffen-SS zahlenmäßig unbedeutend. Im Sommer 1944 zählte er gerade 1 500 Mann.[100]

Anfang Januar 1944 wurden seitens der SS Konzeptionen entwickelt, die paramilitärischen Kollaborationsorganisationen in Frankreich zusammenzufassen und ein neues französisches Ersatzkommando ins Leben zu rufen. Über diesen Plan entfachte sich ein SS-interner Streit zwischen dem Chef des SS-Hauptamtes Gottlob Berger und dem HSSPF Oberg beim Militärbefehlshaber in Frankreich. Im Gegensatz zu Oberg unterstützte Berger das Projekt, das schließlich auf den „ausdrücklichen Befehl des Reichsführers-SS" erfolge, da er bei einem Landungsunternehmen der Alliierten in Frankreich die Unterstützung landeseigener Kräfte für unentbehrlich hielt und eine „Gegenorganisation" zu den „Forces françaises libres" (FFL) von General de Gaulle schaffen wollte. Dabei dachte Berger keineswegs an eine militärische Kooperation unter gleichberechtigten Partnern. In einem Schreiben an Oberg warb er in unmissverständlicher Deutlichkeit für die „Errichtung des Ersatzkommandos Frankreich und die Zusammenfassung der Rechtsverbände zu einer Einheit", und zwar unter deutscher Dominanz: „Natürlich will der Führer kein starkes Frankreich, weil bei der heutigen Mentalität der Franzosen immer noch damit zu rechnen ist,

[98] Forbes, Robert, For Europe, The french volunteers of the Waffen-SS, Mechanicsburg 2010, S. 23 und S. 55.
[99] Merglen, Albert, Soldats français sous uniformes allemands, S. 78.
[100] Abetz an RAM, 14.6.1944, PA AA, R 100992.

daß sie eines Tages wieder im Feindlager stehen könnten. [...] Ich selbst – das möchte ich Ihnen ganz persönlich sagen – stehe auf dem Standpunkt, dass es ein Verbrechen ist, bei der heutigen Zeit nicht alle Kräfte einzusetzen, die irgendwie bereit sind, für uns zu kämpfen." Berger schloß seine Ausführungen mit dem zynischen Argument ab: „Für jeden Fremdländischen, der fällt, weint keine deutsche Mutter. Das sage ich am Todestag meines Sohnes."[101] Der HSSPF Oberg wandte dagegen ein, „dass gemäß Führerweisung zwar nach außen hin eine Politik der Zusammenarbeit zu betreiben sei, dabei aber niemals das Ziel, Frankreich endgültig zu zerschlagen, aus dem Auge verloren werden dürfte." Oberg weiter: „Die Bildung einer allgemeinen SS [...] würde aber eine Grundlage für einen wirklichen Wiederaufbau Frankreichs geben, also entgegen der Führerweisung sein und schon deshalb praktisch nicht zu Ausführung kommen dürfen." Zudem entfalle für den HSSPF „bei der Schaffung einer derartigen Einheitsorganisation die Möglichkeit, im notwendigen Augenblick die verschiedenen politischen Richtungen in Frankreich, einschließlich der Darnand'schen Miliz gegeneinander auszuspielen."[102] Himmler schien die Entgegnung, dass die prioritäre Umsetzung einer Führerweisung den nachrangigen Befehl des Reichsführers-SS gewissermaßen aussticht, nachdenklich gestimmt zu haben. Er erklärte, bevor weitere Schritte unternommen würden, das Vorhaben nochmals mit dem SS-Hauptamtchef Berger besprechen zu wollen. So wurde das Unternehmen vorläufig auf Eis gelegt und sollte erst im September 1944 – wenn auch nicht als „allgemeine SS" – mit der Aufstellung der „SS-Division Charlemagne" realisiert werden.[103]

---

[101] Zusammenschluss der Rechtsverbände in Frankreich, Berger an Oberg, 8.2.1944, BArch, NS 19/1504.

[102] Oberg an Himmler, Aufstellung einer „Allgemeinen SS" in Frankreich, 10.2.1944, BArch, NS 19/1504.

[103] Fernschreiben Meine an Oberg, 18.2.1944, BArch, NS 19/1504. Bl. 8. Peter Longerich kommt in seiner Himmler-Biografie in der Analyse der Auseinandersetzung zwischen Berger und Oberg zu dem Schluss, dass es weder zur „gewünschten Einrichtung einer Rekrutierungsstelle der Waffen-SS in Frankreich" noch „zur Zusammenfassung der französischen Rechtsverbände in einer einheitlichen Miliz" gekommen sei. Longerich ist darin zuzustimmen, dass sich Oberg vorläufig „mit seiner relativ vorsichtigen Politik und seiner Hinhaltetaktik gegenüber Himmlers radikalem Kurs durchgesetzt" hatte, doch ist hinzufügen, dass es bereits zu diesem Zeitpunkt

Mit der Landung der Alliierten am 6. Juni 1944 in der Normandie wurden die Karten neu gemischt. Diesmal ging die Initiative, landeseigene Kräfte gegen die Alliierten auf französischem Territorium einzusetzen, von dem deutschen Botschafter in Paris aus. Abetz erbat vom Reichsaußenminister, „die Frage des Einsatzes der LVF und der französischen Waffen-SS, sowie des NSKK auf französischen Boden [...] und die Frage der Schaffung der Zusammenfassung aller bei deutschen Wehrmachtszweigen dienenden französischen Freiwilligen in eine einheitliche Organisation einer Prüfung und Entscheidung" zuzuführen. [104] Der HSSPF Oberg intervenierte umgehend und bekräftigte abermals seine Position, aus innenpolitischen Gründen keine französischen Einheiten in Frankreich kämpfen zu lassen. [105] Über den Chef des SS-Hauptamtes Berger erreichte Himmler Ende Juni 1944 zum anderen die Bitte, das 1. Bataillon der „Französischen SS-Freiwilligen Sturmbrigade" an der Invasionsfront einsetzen zu können, doch sollten die Pläne durch den schnellen Vormarsch der Alliierten vereitelt werden. [106] Die Pariser Kollaborationsparteien, die Vichy-Regierung und die mit ihr liierten Verbände wie die Darnandsche Miliz sahen sich gezwungen, nach Deutschland ins Exil zu gehen. Auf Befehl Hitlers wurden am 10. August 1944 letztendlich die LVF, die „Milice française", die „Französische SS-Freiwilligen Sturmbrigade" und die französischen Angehörigen der OT und des NSKK als „SS-Division Charlemagne" der Waffen-SS zugeschlagen. [107] Unter der Inspektion

---

Rekrutierungsbüros der SS in Frankreich gab und es mit der Aufstellung der „Division Charlemagne" im September 1944 tatsächlich zu einer Zusammenfassung der französischen „Rechtsverbände" kam. Siehe Longerich, Peter, Heinrich Himmler, Biographie, S. 673. Zu den Rivalitäten zwischen Himmler und Oberg siehe Lappenküper, Ulrich, Der „Schlächter von Paris", Carl-Albrecht Oberg als Höherer SS- und Polizeiführer in Frankreich 1942–1944, in: Frankreich und Deutschland im Krieg (November 1942 – Herbst 1944), hrsg. v. Stefan Martens und Maurice Vaisse, Bonn 2000, S. 141ff. und Birn, Ruth Bettina, Die Höheren SS- und Polizeiführer, Himmlers Vertreter im Reich und in den besetzten Gebieten, Düsseldorf 1986, S. 250ff.

[104] Abetz an RAM, 14.6.1944, PA AA, R 100992.
[105] Legationsrat Dr. Wagner und Botschafter Ritter, 19.6.1944, PA AA, R 100992.
[106] Klumm an Berger, 27.6.1944, PA AA, R 100992. Allein die Verlegung der LVF an die Westfront hätte nach der Einschätzung von Botschafter Abetz aller Voraussicht nach sechs Wochen in Anspruch genommen. Siehe Abetz an RAM, 14.6.1944, PA AA, R 100992.
[107] Merglen, Albert, Soldats français sous uniformes allemands, S. 79.

des SS-Brigadeführers Gustav Krukenberg entstand im November 1944 die „33. Waffen-Grenadier-Division der SS Charlemagne (französische Nr. 1".[108] Bereits im Oktober desselben Jahres zählte der neue Verband rund 7 000 Soldaten, wobei etwa 1 200 Mann der Miliz Darnands noch in Ulm auf ihre Eingliederung warteten.[109] Bemerkenswerterweise führte die „SS-Divison Charlemagne" entgegen den strikt antiklerikalen Gepflogenheiten der Waffen-SS einen katholischen Militärgeistlichen in ihren Reihen. Jean de Mayol de Lupé, der sich im Alter von 68 Jahren auf den Zuspruch von Otto Abetz als Feldgeistlicher 1941 zur LVF gemeldet hatte, feierte sogar anlässlich der Vereidigungszeremonie der neuen SS-Division die Heilige Messe. Vorgeblich aus Altersgründen folgte Mayol de Lupé allerdings im Jahre 1944 nicht mehr der Truppe an die Front und ließ sich in München nieder.[110]

Die Parteigänger der Kollaborationsorganisationen hatten den Pakt mit dem Teufel geschlossen und waren in den letzten Kriegsmonaten auf Gedeih und Verderb ihrem taumelnden Schutzpatron ausgeliefert. Dieser Umstand war den deutschen Stellen durchaus bewusst: „Die uns befreundeten Parteien und Gruppen können, auch wenn sie wollten, heute von ihrer politischen Linie nicht mehr zurück. Sie haben klar erkannt, dass eine deutsche militärische Niederlage auch den persönlichen Tod ihrer Führer und massgebenden Anhänger bedeuten würde."[111] Nichtsdestotrotz waren die deutschen Stellen weit davon entfernt, den französischen Kombattanten einen ebenbürtigen Status

---

[108] Ebd., S. 82. Zur Person Krukenberg und die „SS-Division Charlemagne" siehe Schöttler, Peter, Dreierlei Kollaboration, S. 376ff.

[109] Vortragsnotiz Dr. Wagner, 25.10.1944, PA AA, R 100992.

[110] Bene, Krisztián, La collaboration militaire, S. 416f. Weitere Ausnahmen stellten die christlichen Feldgeistlichen der flämischen, wallonischen und norwegischen SS-Einheiten sowie die Feldimame der kroatischen und „osttürkischen" SS-Verbände dar. Vgl. Christensen, Claus Bundgård; Poulsen, Nielsen Bo; Smith, Peter Scharff; Dänen in der Waffen-SS 1940–1945, Ideologie, Integration und Kriegsverbrechen im Vergleich mit anderen „germanischen" Soldaten, in: Die Waffen-SS, Neue Forschungen, hrsg. v. Jan Erik Schulte, Peter Lieb, Bernd Wegner, Paderborn 2014, S. 204f. und Petge, Stefan, Militärische Vergemeinschaftsversuche muslimischer Soldaten in der Waffen-SS, Die Beispiele der Division „Handschar" und des „Osttürkischen Waffenverbands der SS", in: Die Waffen-SS, Neue Forschungen, hrsg. v. Jan Erik Schulte, Peter Lieb, Bernd Wegner, Paderborn 2014, S. 266. Zum wallonischen Militärgeistlichen siehe Kapitel IX dieser Studie.

[111] Abetz an RAM, 14.6.1944, PA AA, R 100992.

einzuräumen. Dies sollten insbesondere die Reste der französischen Miliz betreffen. Anfang September 1944 hatten sich 3 500 Mann der „Milice française" mit ihren Familien unter schweren Rückzugsgefechten mit der „Résistance" ins Elsass durchgeschlagen und suchten dort händeringend nach Unterkunftsmöglichkeiten. Das SS-Ausbildungslager in Cernay (Sennheim) war vollständig belegt, so dass die Gruppe zwischenzeitig in das kurz zuvor geräumte Sicherungslager Schirmeck-Vorbruck einquartiert wurde.[112] Darnand sah sich gezwungen Botschafter Abetz davon in Kenntnis zu setzen. Abetz meldete: „Erfahre von Darnand und Milizführer, dass 3 000 Mannschaften der französischen Miliz im Lager Schirmeck im Elsass einquartiert wurden. Dieses Lager hat seit 1940 als Konzentrationslager für aufsässige Elsässer gedient, sodass schon aus diesem Grunde eine Unterbringung der nationaleingestellten Milizangehörigen unangebracht ist."[113] Von dem Truppenübungsplatz Heuberg nahe Sigmaringen versuchte man schließlich die Milizionäre und ihre Angehörigen auf Kasernen in Ulm zu verteilen.[114] In einem persönlichen Schreiben an den Reichsführer-SS beklagte Darnand voller Verbitterung die nur stockend voranschreitende Unterbringung: „Als Sie mir die Ehre gaben, mir eine Unterredung zu gewähren, hatten sie mir zugesichert, daß die französischen Familien der Miliz und der Waffen-SS als ihre Gäste betrachtet und dass sie so schnell wie möglich in [...] Ulm zusammengefaßt werden sollten. Diese Zusammenfassung verzögert sich infolge des Mangels an verfügbaren Räumen. Dabei wird die Lage der Familien immer schwieriger, und zwar durch beengtes Wohnen, durch Mangel an Hygiene und durch das Fehlen von Kleidung. Es sind bereits zahlreiche Todesfälle unter kleinen Kindern zu verzeichnen."[115] Weiterhin kritisierte Darnand, dass die Miliz unentwegt Abwerbungsversuchen seitens der PPF, des SD und anderer deutscher Stellen ausgesetzt sei, und ebenso ihr gesamter Fuhr-

---

[112] Telegramm Abetz, 6.9.1944, PA AA, R 101058. Zum Sicherungslager siehe: Pflock, Andreas, Sicherungslager Schirmeck-Vorbruck, in: Der Ort des Terrors, Geschichte der nationalsozialistischen Konzentrationslager, hrsg. v. Wolfgang Benz und Barbara Distel, Bd. 9, München 2009, S. 521–533.

[113] Telegramm Abetz, 15.9.1944, PA AA, R 101058, Bl. E 007656.

[114] Mitteilung Reichel, 2.10.1944, PA AA, R 101058, Bl. E 007658.

[115] Darnand an Himmler, 25.10.1944, PA AA, R 101058.

park von der Wehrmacht beschlagnahmt worden war: „Um diesen Dingen ein Ende zu bereiten, […] bitte ich Sie, Reichsführer, inständigst, den deutschen Dienststellen und insbesondere den französischen politischen Chefs mitzuteilen, daß Sie Wert darauf legen, daß diese Praktiken aufhören und daß die Miliz sowohl in der französischen Formation Charlemagne sowie in den Reihen der Franc-Garde in ihren Beständen und in ihrer Stärke unangetastet bleibt."[116]

Obwohl die Exilregierung an ihrem Sitz in Schloß Sigmaringen eher einem „Potemkischen Dorf" denn einem handlungsfähigen Exekutivorgan glich, setzten sich die innenpolitischen Rivalitäten unter den Kollaborateuren unvermindert fort und sollten auch die Kohäsion der „SS-Division Charlemagne" tangieren. Insbesondere der Streit zwischen Darnand und Doriot sollte erneut aufflammen. Da sich die „SS-Division Charlemagne" größtenteils aus den Kontingenten der Doriot nahestehenden LVF und Angehörigen der Darnandschen Miliz zusammensetzte, kam es wiederholt zum Ausbruch alter Feindseligkeiten.[117]

Die Milizionäre warfen den PPF-Anhängern offenbar vor, nur eine unbedeutende Rolle bei der Bekämpfung der „Résistance" gespielt zu haben. In einem Gutachten, das der Kommandeur der „28. SS-Freiwilligen-Panzergrenadier-Division ‚Wallonie'" Léon Degrelle Anfang Dezember 1944 über die französische Waffen-SS erstellte, heißt es: „Die Leute vom PPF (Französische Volkspartei, Doriot) haben nur einen unbedeutenden Anteil an dem Kampf gegen den Maquis gehabt. Dagegen haben sich die Truppen Darnands tapfer geschlagen und Hunderte von Toten gehabt […]. Demgegenüber hatten die anderen Parteien nur Reden gehalten […]. Die Lage in der ‚Charlemagne' ist gegenwärtig so, dass a.) weder Doriot noch Darnand ihre moralische Einheit gewährleisten, b.) diese militärische Einheit Katastrophen entgegengeht, wenn sie in solcher Uneinigkeit und Demoralisation an der Front eingesetzt wird. […] Es muss ihr eine neue Mystik gegeben werden:

---

[116] Ebd. und Telegramm Abetz, 26.10.1944, PA AA, R 101058.
[117] Léon Degrelle beschrieb den Zustand der Charlemagne wie folgt: „Eine Reihe politischer Clans streiten sich heftig untereinander: 30% Doriot-Anhänger, 30% Darnand-Anhänger, 40% die für niemand sind und gegen alle." Vermerk über die Französische Waffen-SS, 10.12.1944, BArch, NS 19/1569.

1. Treue zum Führer. 2. Das Bewusstsein von dem germanischen Charakter des französischen Volkes. 3. Den Willen, den Westen von sich aus wiederzuerobern."[118]

Zudem war Darnand in seiner Funktion als Regierungsmitglied und „Secrétaire d'État à l'Intérieur" vom SS-Hauptamtschef Berger für die Position des politischen Führers der „Charlemagne" vorgesehen, denn „für die neu aufgestellte national-französische Einheit sei unbestreitbar Darnand allein fähig, moralisch und politisch Chef der Einheit zu sein." [119] Allerdings sollte ihm dieser Posten vom Inspekteur der „Charlemagne", SS-Brigadeführer Gustav Krukenberg, vorenthalten werden, der Doriot den Vorrang für diese Position gab. Enttäuscht über die eines Regierungsmitgliedes unwürdige Behandlung demissionierte Darnand Anfang Dezember von allen politischen Ämtern und bat um die Versetzung in die SS-Division „Wallonie".[120] Botschafter Abetz fasste Darnands Gründe Mitte Dezember 1944 wie folgt zusammen: „Aus seinen Gesprächen hat Darnand den Eindruck gewonnen, dass deutscherseits nicht ernsthafte Absicht besteht, ihn in seinen nationalen Bestrebungen für die französischen SS-Einheiten zu unterstützen und seine staatliche Stellung zur Geltung kommen zu lassen. […] Ein weiterer Grund für die Verbitterung Darnands liegt darin, dass ihm in Berlin auffiel, dass der mit dem Einverständnis der Reichsregierung gebildete und von ihr anerkannte Regierungsausschuss von jedem unreifen Schwätzer lächerlich gemacht und verächtlich behandelt werden kann. […] Der Hauptgrund zu dem Entschluss Darnands scheint aber in einer ihm durch Indiskretion bekanntgewordenen angeblichen Absicht der Reichsregierung zu liegen, einem Befreiungskomitee Doriot nicht nur in der Politik und Propaganda, sondern in sämtlichen französischen Fragen und sogar in den rein administrativen Betreuungsaufgaben der französischen SS-Einheit die Vorhand zu lassen."[121] Die Causa Darnand zog weite Kreise und führte im Auswärtigen Amt zur Neubestimmung des Status der französischen SS-Freiwilligen-Truppe. Reichsaußenminister von Ribbentrop erließ Mitte Januar 1945 die

---

[118] Ebd.
[119] Stellung von Staatssekretär Darnand innerhalb der französischen SS-Verbände „Charlemagne", 3.11.1944, PA AA, R 101058.
[120] Darnand an Berger, 8.12.1944, BArch, NS 19/1569.
[121] Telegramm Abetz, 15.Dezember 1944, PA AA, R 101058.

Richtlinie, diesen Status „nicht zu präzisieren, sondern ‚im unklaren zu lassen‘". Er zog es vor, „die französische Waffen-SS Einheit weder als nationalfranzösische Kaderarmee noch als Teil der deutschen oder europäischen Waffen-SS" zu bezeichnen. Ribbentrop weiter: „Sie sei ein Freiwilligencorps im Rahmen der Waffen-SS zum gemeinsamen Kampf gegen Plutokraten und Bolschewisten; im übrigen habe aber der Status offen zu bleiben."[122]

Auch ohne Darnand wurde die „33. Waffen-Grenadier-Division der SS Charlemagne (französische Nr. 1)" von Februar bis zu ihrer Aufreibung im März 1945 in den Abwehrkämpfen gegen die Rote Armee eingesetzt. Ende März schmolz die Division unter Brigadeführer Krukenberg zum SS-Sturmbann „Charlemagne" zusammen, dessen neunzig Freiwillige auf Befehl des Oberkommandos der Wehrmacht (OKW) ab dem 24. April 1945 in den Ruinen der Reichshauptstadt bis zu ihrer Kapitulation am 2. Mai 1945 gegen die sowjetischen Truppen kämpften.[123]

---

[122] Renthe-Fink, 14.1.45, PA AA, Inland R 101058.
[123] Merglen, Albert, Soldats français sous uniformes allemands, S. 83.

V. Schnittstellen der Kollaboration: Léon Degrelles „Vermerk über die französische Waffen-SS"

In die Querelen um die Position Darnands innerhalb der SS-Division „Charlemagne" schaltete sich der Kommandeur der „28. SS-Freiwilligen-Panzergrenadier-Division ‚Wallonie'", der SS-Sturmbannführer Léon Degrelle ein. In seinem „Vermerk über die Französische Waffen-SS" vom Dezember 1944 empfahl er der Truppe nicht nur eine „neue Mystik" der Führertreue und der Rückbesinnung auf die germanischen Wurzeln des französischen Volkes – er verknüpfte die Empfehlungen mit seinen eigenen Machtambitionen. Unter der Führung Degrelles sollte ein „germanisches Westkorps" aus französischen und wallonischen SS-Verbänden entstehen, „das bei der Offensive keilförmig (en flèche) vorstossen würde." Der Korpsgeist dieser Truppe von „Germanen französischer Zunge im Dienste des Führers" sollte durch Degrelles propagandistisches Können heraufbeschworen werden: „Zu diesem Zwecke ist es notwendig [...] in dem Armeekorps diesen uneinigen Franzosen ein inneres Feuer zu geben. Das ist möglich. Aber man muss mit den Menschen sprechen können, sie begeistern können, sie über Streitigkeiten hinausheben in dem [sic!] man ihnen eine großgermanische und national-sozialistische [im Original unterstrichen, S.H.] Schau der Zukunft gibt. Ich weiss, dass ich diese Aufgaben lösen könnte." Überhaupt entscheide sich – so die weitere Argumentation – die Frage der französischen SS-Division nur über die Person Degrelles. In einer Zuspitzung des Problems auf eine Entweder-Oder-Entscheidung sprach er von sich selbst in der dritten Person: „Es muss gewählt werden: entweder lässt man Degrelle eine große militärisch-moralische Aufgabe vollbringen, oder man lässt 10 000 bis 20 000 Männer, die gute Soldaten sein könnten, in Anarchie verfallen." Die prätentiöse Formel lautete also: Entweder Degrelle oder Anarchie.[124]

Für den Chef des SS-Hauptamtes Berger kam die Gründung eines „Germanischen Westkorps" aus Franzosen und Wallonen indes nicht in Betracht. In einem Schreiben an Himmler formulierte er seine Vorbehalte: „Der Vorschlag Degrelles, ein ‚Germanisches Westkorps' aus

---

[124] Vermerk über die Französische Waffen-SS, 10.12.1944, BArch, NS 19/1569.

Franzosen und Wallonen zu bilden, erscheint mir als ein nicht unge-fährliches Experiment. Einmal sind Gegensätze zwischen Franzosen und Wallonen noch nicht überbrückt. Der Erfolg der von Degrelle be-absichtigten Germanisierung erscheint fraglich und zeitraubend. So an-sprechend endlich der Gedanke eines gemeinsamen Einsatzes von Franzosen und Wallonen propagandistisch wäre, so unwirklich sieht er in der Wirklichkeit aus. Und selbst, wenn es gelingt, versinnbildlicht er eine politische Konstruktion, in der die Wallonie bei Frankreich steht statt beim Reich." Im Übrigen sollte sich Degrelle „auf seine gegen-wärtigen Aufgaben der Führung der Division Wallonie [...] beschrän-ken."[125]

In den Verhandlungen über Darnand gegen Ende des Jahres 1944 – kurz vor dem Beginn der Rundstedt-Offensive („Ardennenof-fensive") – zeichnet sich pars pro toto das Spannungsfeld ab, in dem sich die Akteure der deutschen und französischsprachigen belgischen Militärkollaboration bewegen sollten. Seit der Gründung einer walloni-schen Freiwilligenlegion im Sommer 1941, die analog zur LVF als Wehrmachtsverband ab August 1941 an der deutsch-sowjetischen Front eingesetzt wurde, war Léon Degrelle der exponierteste Vertreter der Militärkollaboration zwischen dem Deutschen Reich und dem fran-zösischsprachigen Teil Belgiens. Den beteiligten deutschen Stellen galt Degrelle als kluger und flexibler Machtpolitiker, der seine teils insolen-ten Projekte aus narzisstischer Geltungssucht betrieb und vehement versuchte, sie mit großer Eloquenz und beachtlichem Charisma voran-zubringen. Zuweilen unterstellte man ihm Geldgier. Sein impulsives Handeln und häufiger Gesinnungswandel überraschten oftmals die deutschen Funktionäre. Anfang 1943 notierte der Bevollmächtigte des Auswärtigen Amtes für Nordfrankreich und Belgien, der Gesandte Werner von Bargen: „Er [Degrelle, S.H.] spricht heute von der Reichs-idee, dem Anschluss an das Grossgermanische Reich [...] und ist bereit, sich dem Reiche irgendwie anzuschliessen. [...] Die Überlegungen, die ihn zu diesem vollkommenen Wandel seiner Anschauungen geführt ha-ben, hat er nicht ausgesprochen. Nach meinem Gefühl und nach mei-ner Kenntnis spielen Ehrgeiz und Eitelkeit, vielleicht auch

---

[125] Berger an Himmler, 16.12.1944, BArch, NS 19/1569.

Geldgier – er hat immer auf grossem Fusse gelebt – dabei eine bedeutende Rolle. Im übrigen scheinen mir aber politische Erwägungen für seine Schwenkung zur SS bestimmend gewesen zu sein, Erwägungen, deren Folgerichtigkeit man nicht wird bestreiten können." Auch die Eloquenz Degrelles beeindruckte den Gesandten: „Er hat dabei Leid und Freud des Soldatenlebens an der Ostfront in einer Anschaulichkeit geschildert, wie ich es aus einem deutschen Munde nie gehört habe."[126] Der Chef der Sicherheitspolizei und des SD Reinhard Heydrich attestierte Degrelle bereits Anfang 1941 in einem Bericht an den Reichsaußenminister von Ribbentrop eine große rednerische Begabung, warnte jedoch eindringlich davor, ihn wegen seiner fehlenden politischen Beharrlichkeit in die Auslandsarbeit des Auswärtigen Amtes einzuspannen: „Degrelles Fähigkeiten liegen auf dem Gebiete der Propaganda. Seine früheren politischen Großerfolge sind seiner persönlichen Wirkung als Sprecher auf die Masse zuzuschreiben. Er besitzt jedoch nicht die Ausdauer, eine begonnene politische Aktion bis zum Erfolg durchzustehen. Ein konkreter politischer Einsatz Degrelles würde größte Gefahren mit sich bringen. Als Wallonenführer lassen ihn seine weltanschauliche Haltung und sein im Grunde unpolitischer und eitler Charakter, sowie seine mangelnde Menschenkenntnis ungeeignet erscheinen."[127] Manchen Beobachtern ergab sich „das Bild eines Mannes, der, von mystischer, mittelalterlicher und katholisierender Schwärmerei nicht frei, zum Teil politisch abenteuerliche Vorstellungen" hatte und ganz und gar „durchglüht von den Ideen seiner Bewegung [...] den Eindruck eines fanatischen politischen Kämpfer[s]" erweckte.[128] Möglicherweise waren es jene habituellen Attribute, die Degrelle für eine Kollaborationskarriere mit dem „Dritten Reich" prädestinierten. Jedenfalls verstand er es, mächtige Protagonisten des nationalsozialistischen Deutschland als Fürsprecher zu gewinnen. Mit dem im Januar 1943 auf einer Großkundgebung in Brüssel feierlich vorgetragenen Bekenntnis, die Wallonen seien in Wirklichkeit „romanisierte Germanen", sicherte er sich die Unterstützung des Reichsführers-SS Heinrich

---

126 Bargen an Weizsäcker, 15.1.1943, PA AA, R 29858, Bl. 70585f.
127 Heydrich an von Ribbentrop, 29.1.1941, PA AA, R 101032, Bl. E 024520. Zum politischen Kontext der Heydrich-Denkschrift siehe Kapitel VIII dieser Studie.
128 Der Vertreter des Auswärtigen Amtes beim Panzer-AOK 1, 20.7.1942, PA AA, R 101032.

Himmler, der sich in seinen „pangermanischen" Ambitionen und militärischen Expansionsbestrebungen angesprochen fühlte. Im Mai 1943 verfügte Himmler die Eingliederung der Freiwilligenlegion „Wallonie" in die Waffen-SS. Degrelles „Vermerk über die französische Waffen-SS" vom Dezember 1944 verfolgte eine ähnliche diskursive Strategie: Mit der Rede von der Führertreue und der „großgermanischen und national-sozialistischen Schau der Zukunft" zum Aufbau eines „Germanischen Westkorps" versuchte Degrelle nach dem bewährten Muster der ideologischen Mimikry seinen Einflussbereich zu vergrößern. Zudem strebte er zu diesem Zeitpunkt die Bildung eines (geographisch nicht genau definierten) „Westgermanischen Reiches" aus Wallonien und Teilen Frankreichs an, obwohl die dafür auserkorenen Gebiete im November 1944 längst nicht mehr in deutscher Hand waren. Sein virtuelles Großprojekt fand beim Auswärtigen Amt keinen Anklang. Der Ende 1944 für die Belgien-Politik zuständige Gesandte Roland Krug von Nidda erklärte lapidar: „Degrelles weitergehenden Plänen, die auf Schaffung eines westgermanischen Reiches einschließlich Frankreich (Germania Inferior) hinauslaufen, kommt keine praktische Bedeutung zu."[129] Die proaktive und fordernde Haltung Degrelles ist ein wesentliches Charakteristikum der deutsch-wallonischen Militärkollaboration. Obwohl sich die deutschen Stellen aus ihrer Position der Stärke heraus meist skeptisch und abweisend positionierten, brachte sie die Impulsivität und das Charisma Degrelles des Öfteren in Zugzwang.

---

[129] Krug von Nidda, 10.11.1944, PA AA, R 101033, Bl. 455544.

VI. Biografischer Abriss: Herkunft und politischer Werdegang Léon Degrelles

Léon Joseph Marie Ignace Degrelle wurde am 15. Juni 1906 in Bouillon im französischsprachigen Teil Belgiens als Sohn eines wohlhabenden Brauereibesitzers geboren. Sein Vater Édouard Édmond Joseph Degrelle stammte aus der nordfranzösischen Stadt Solre-le-Château (Département Nord) und ließ sich 1896 in der belgischen Grenzstadt Bouillon (Province Luxembourg) nieder. Im Zuge der antiklerikalen Politik der Dritten Republik und der sich anbahnenden Trennung von Kirche und Staat wurden im Jahre 1901 in Frankreich per Gesetz die Jesuitenkollegien aufgelöst, so dass sich Édouard Degrelle, dessen Familie eine lange jesuitische Glaubenstradition aufwies, gezwungen sah, das Land zu verlassen.[130] Einige Zeit später nahm er die belgische Staatsbürgerschaft an. Zudem eröffnete sich Édouard Degrelle in Bouillon die Möglichkeit, die Brauerei des 66-jährigen Braumeisters Jules Willaume zu übernehmen, die er innerhalb kürzester Zeit in ein prosperierendes Unternehmen verwandelte. Léon Degrelles Mutter Marie Catherine Elisabeth Boever entstammte einer angesehenen Arztfamilie aus der Stadt Grevenmacher im Großherzogtum Luxemburg.[131] Ihr Vater war der Chef der politischen Rechten der belgischen Provinz Luxembourg. Mit seiner Unterstützung gelang Édouard Degrelle die Karriere in der belgischen Provinzialpolitik. Als Vertreter der „Parti catholique" wurde er 1904 erstmalig in den Rat der Provinz

---

[130] Drei Brüder Édouard Degrelles waren jesuitische Geistliche und suchten Zuflucht in Belgien. Siehe Frérotte, Jean-Marie, Léon Degrelle, le dernier fasciste, Bruxelles, 1987, S. 9ff. und Étienne, Jean-Michel, Le mouvement rexiste jusqu'en 1940, Paris 1968, S. 9.

[131] In den zahlreichen Nachkriegsrechtfertigungen Léon Degrelles wird die Herkunft seiner Eltern mit der Konstruktion einer „germanischen" Abstammung der Wallonen verknüpft. Zum „germanischen" Siedlungsraum („corps germanique") gehörte nach der Ansicht Degrelles „la Wallonie et le Nord de la France." „C'était ça, les Pays-Bas. Les Pays-Bas, ça allait jusqu'à la Champagne et la Bourgogne. C'était la Hollande, c'était la Belgique actuelle, le groupe qui est resté des grands Pays-Bas. Et le Grand-Duché de Luxembourg. Moi, c'est mon pays. Je suis par mon père, du Nord de la France; par ma mère de la Moselle." Siehe Dannau, Wim, Face à face avec le rexisme, Strombeek-Bever 1971, S. 67.

Luxembourg gewählt. Seit 1925 hatte er die „députation perma-
nente" inne. Im Frühjahr 1936 wechselte Édouard Degrelle in die Reihen des „Front populaire de Rex", der Partei seines ältesten Sohnes
Léon.[132]

Léon Degrelle wurde als fünftes von acht Kindern in eine strenggläubige Familie hineingeboren. Allein sechs Mitglieder der Großfamilie
Degrelle gehörten der katholischen Ordensgemeinschaft „Gesellschaft
Jesu" an.[133] Bereits in frühester Kindheit bestimmte die fromme Glau-
bensausübung das Leben des jungen Degrelle: Die tägliche Feier der
Heiligen Messe, das allabendliche Gebet – auf den Knien
vorgebracht – und der Besuch von vier Gottesdiensten am Sonntag,
dazu ein obligatorischer Friedhofsrundgang prägten den Wochenab-
lauf der Familie.[134] Léon Degrelle besuchte die katholischen Bildungs-
einrichtungen des französischsprachigen Mittelstandes. Unter der Ob-
hut der „Sœurs de la doctrine chrétienne Nancy", ein bis heute in der
belgischen Provinz Luxembourg weitverbreiteter Frauenorden, zeigte
er in der Grundschule ein frühzeitiges Interesse an der Literatur. Nach
dem Abschluss der Volksschule am „Institut Saint-Pierre de Bouillon" besuchte er ab 1921 das jesuitische „Collège Notre-Dame de la
Paix" in Namur.[135] Im Alter von fünfzehn Jahren begann er, Gedichte

---

[132] Colignon, Alain, ‚Degrelle‘, S.112.

[133] Frérotte, Jean-Marie, Léon Degrelle, S. 9.

[134] Ebd., S. 16 und Colignon, Alain, ‚Degrelle‘, S. 112. Der Biograf Frérotte betont
die patriarchalische Familienstruktur und die erzkonservative Frömmigkeit der
Degrelles: „Le ‚pater‘ d'une nombreuse ‚familias‘ ne peut confier ses vues sur l'éducation à l'improvisation et au laisser-aller. La *dolce vita* n'a pas sa place au foyer. S'il ne
faut pas aller jusqu'à parler d'éducation spartiate chez les Degrelle [...], il faut soulin-
ger la rigueur et les exigences que conaissent, tout jenues, les enfants de ces familles.
Sous la marque indélébile d'une piété qui n'était point formalisme, avec l'application
des principes chrétiens les moins discutés, on formait les âmes, les esprits et les
corps." Siehe Frérotte, Jean-Marie, Léon Degrelle, S. 8. Zur Prägung und Anfälligkeit
der „autoritären Persönlichkeit" für faschistische Ideologien siehe die klassischen Studien: Fromm, Erich, Studien über Autorität und Familie, Sozialpsychologischer Teil
(1936a), in: Erich-Fromm-Gesamtausgabe, Bd. 2, Stuttgart 1980, S. 141–188 und
Adorno, Theodor W., Studien zum autoritären Charakter, Frankfurt am Main 1995.

[135] Colignon, Alain, ‚Degrelle‘, S.112.

und Zeitungsartikel für unterschiedliche Zeitschriften der Region zu schreiben.[136]

Zu dieser Zeit entdeckte der heranwachsende Léon Degrelle die Schriften von Charles Péguy, Ernest Psichari und Léon Daudet. Insbesondere Daudet, der neben Charles Maurras einer der Mitbegründer der nationalistisch-monarchistischen „Action française" war, beeinflusste maßgeblich die politischen Ansichten und den polemischen Schreibstil des späteren Publizisten Degrelle. Seine literarischen Vorlieben waren keineswegs ungewöhnlich. Im Allgemeinen fand das antiparlamentarische und monarchistische Gedankengut der „Action française" unter der katholischen Jugend Belgiens großen Anklang.[137] Nachdem Léon Degrelle im Jahre 1924 mit Auszeichnung das Abitur bestanden hatte, immatrikulierte er sich an der geisteswissenschaftlichen Fakultät „Philosophie et lettres" der Universität Namur. Sein Engagement für die maurrasschen Ideen kulminierte im Frühjahr 1925 mit einer Umfrage für die Zeitschrift „Les cahiers de la jeunesse catholique". Als Antwort auf die Frage, welchen Schriftsteller des zwanzigsten Jahrhunderts die junge Leserschaft der „Cahiers" zu ihrem Lehrmeister küren würde, entfiel die Mehrheit der Stimmen auf Charles Maurras. Es war nicht zuletzt die Agitation Degrelles unter den Kommilitonen, die dieses Ergebnis herbeiführte. In der Folge startete die konservative Tageszeitung „La libre Belgique" eine Anti-Maurras-Kampagne, mit der die „Action française" als Träger eines „falschen Christentums" diskreditiert werden sollte. Als im Winter 1926 Papst Pius XI. die Unvereinbarkeit der Ideologie Charles Maurras mit dem katholischen Glauben feststellte,

---

[136] Die intellektuelle Frühreife geriet zum festen Topos in der Legendenbildung um den späteren Rexistenführer Léon Degrelle. Die rexistische Parteizeitung „Le Pays Réel" verbreitete z. B. im Jahre 1938 die Legende, dass der 17-jährige Degrelle eine Korrespondenz mit dem Erzbischof von Mecheln Désiré-Joseph Mercier – der Symbolgestalt des belgischen Widerstandes gegen die deutsche Besatzungsherrschaft zur Zeit des Ersten Weltkrieges – führte. Ein Jugendfreund Degrelles war lebensgefährlich erkrankt, so dass der junge Degrelle die Bitte für das Sakrament der Krankensalbung an den Kardinal richtete. Kardinal Mercier, gerührt vom Brief Degrelles, stattete einen Krankenbesuch ab und blieb im brieflichen Kontakt mit Degrelle. Siehe Étienne, Jean-Michel, Le mouvement rexiste, S. 10.
[137] Conway, Martin, Collaboration in Belgium, Léon Degrelle and the Rexist Movement 1940–1944, New Haven, London, 1993, S. 8.

fügte sich Léon Degrelle der papalen Kondemnation und beendete sein Engagement für die „Action française".[138]

Nach Ablauf des ersten Universitätsjahres zwangen ihn schlechte Prüfungsergebnisse zum Hochschulwechsel. An der „Université catholique de Louvain" reüssierte er hingegen nach zwei Jahren Regelstudienzeit mit dem „Diplôme de candidature" (Zwischenprüfungszeugnis) an der geisteswissenschaftlichen Fakultät. Dennoch schloss er ein konsekutives Jurastudium nie ab. Im Oktober 1930 beendete Degrelle seine Studien vorzeitig mit einem einfachen Zertifikat, das ihm den Abschluss einer der ersten Vorprüfungen für das Doktorat der Rechtswissenschaften bescheinigte. Die „licence" eines Juristen sollte er nie erhalten.[139] Den auffälligen Knick in der Bildungsbiografie Degrelles nahmen seine späteren politischen Kontrahenten zum Anlass, ihn als „Idioten" und „Analphabeten" zu diffamieren, der nicht in Lage gewesen sei, ein juristisches Examen zu bestehen.[140]

Anstatt den Studienabschluss anzustreben, entfaltete der 21-jährige Léon Degrelle eine rege publizistische Tätigkeit. Gegen Ende des Jahres 1927 übernahm er in Louvain die Leitung der Halbmonatsschrift „L'Avant-Garde" und verwandelte das finanziell schwächelnde Studentenblatt mit einer Mischung aus Sensationsjournalismus sowie gezielt platzierten Zeitungsenten in eine auflagenstarke Lokalzeitschrift.[141] Zwischen 1927 und 1930 veröffentlichte er eine Reihe von juvenilen

---

[138] Frérotte, Jean-Marie, Léon Degrelle, S. 29 und Étienne, Jean-Michel, Le mouvement rexiste, S. 11.

[139] Étienne, Jean-Michel, Le mouvement rexiste, S. 11 und Colignon, Alain, ‚Degrelle', S. 113.

[140] „C'est de cette série d'échecs qu'est née la légende qui veut faire de Degrelle un illettré et un imbécile, incapable de passer un examen de droit!" Étienne, Jean-Michel, Le mouvement rexiste. S. 101. Degrelle versuchte, den Makel des Studienabbrechers auch noch ein Jahrzehnt später zu verbergen. Seine SS-Führerakte verzeichnet den Beruf des Rechtsanwalts und Abgeordneten. Im beigefügten Lebenslauf aus dem Jahre 1944 heißt es: „Nach dem Besuch der Volksschule und des Gymnasiums studierte er 10 Semester Jura an der Universität Löwen. Er schloss seine Studien, die sich auch auf Kunst- und Altertumskunde erstreckten, mit dem Doktor-Diplom ab." Lebenslauf des SS-Sturmbannführers Leon Degrelle, BArch (BDC), SSO 139 Degrelle, Leon, 15.6.1906, Bl. 1491.

[141] Étienne, Jean-Michel, Le mouvement rexiste. S. 11 und Colignon, Alain, ‚Degrelle', S. 112.

Gedicht- und Essaybänden, wobei er mit dem Buch „Les grandes farces de Louvain" (1930) einen über die Region hinausgehenden Achtungserfolg erzielte.[142] In dieser Rückschau seiner Streiche für die „L'Avant-Garde" erläuterte der junge Degrelle die Technik der kalkulierten Übertreibung, die er im Laufe seiner langen publizistischen Karriere stets aufs Neue anwenden sollte: „La farce est une école. On y apprend à être inventif, décidé. Il faut trouver du neuf, risquer une semonce du vice-recteur, une rossée des pandoures, une condamnation du juge de paix. On apprend ainsi à aller à travers tout, à être tendu vers un but avec la volonté résolue de tout culbuter, s'il le faut, pour y parvenir."[143] Neben der Arbeit für die Studentenzeitung „L'Avant-Garde" schrieb er als festes Redaktionsmitglied für die „Cahiers de la jeunesse catholique". Seit dem Eklat der Leserumfrage des Jahres 1925 unterstützte ihn der einflussreiche Herausgeber der „Cahiers" und Leiter der „Association catholique de la jeunesse belge" (AJCB) Louis Picard in seinen journalistischen Ambitionen. In hoher Auflage veröffentlichte Degrelle mit der Unterstützung der AJCB zwischen 1928 und 1930 sozialkritische Reportagen, die sich u. a. mit den Elendsbehausungen des belgischen Proletariats („Les taudis") und der kulturellen Benachteiligung der Flamen durch die französischsprachige Bildungselite Belgiens („Les Flamigants") beschäftigten.[144] Die Hefte fanden eine weite Verbreitung und weckten das Interesse des Herausgebers und Talentscouts der rechtskonservativen katholischen Tageszeitung

---

[142] Colignon, Alain, ‚Degrelle', S. 113.

[143] Degrelle, Léon, Les grandes farces de Louvain, Louvain 1930, S. 11. Beispielsweise behauptete Degrelle, den bisher unbekannten Enkel von Alexandre Dumas aufgespürt und ihn als Redakteur für die „L'Avant-Garde" gewonnen zu haben. Sogar ein Fortsetzungsroman vom erfundenen Dumas erschien in der „L'Avant-Garde". Vgl. Degrelle, Léon, Denn der Hass stirbt... Erinnerungen eines europäischen Kriegsfreiwilligen, Dresden 2006, S. 267. Immer wieder setzte Degrelle die rhetorische Provokation instrumentell ein. Retrospektiv erscheint die „Schule der ‚farce'", die man Degrelles Ansicht nach zum Erreichen der eigenen Ziele durchlaufen sollte, als Richtschnur seines politischen Handelns – sei es beispielsweise in den Exaltationen der rexistischen Propaganda der dreißiger Jahre, oder sei es das „Germanenbekenntnis" vom Januar 1943. Selbst nach seinem Tod im Jahre 1994 beschäftigte die belgische Öffentlichkeit die Behauptung Degrelles, dass er das Vorbild für die Reporter-Comicfigur Tintin (dt. „Tim und Struppi") des Zeichners Hergé gewesen sein soll. Siehe Littell, Jonathan, Das Trockene und das Feuchte, Berlin 2009, S. 61.

[144] Colignon, Alain, ‚Degrelle', S. 113.

„Le Vingtième Siècle" Norbert Wallez. Der Mussolini-Verehrer und Antisemit Wallez holte Degrelle in die Redaktion der auflagenstarken Zeitung.[145]

Im Jahre 1930 avancierte der junge Journalist Degrelle auf Wunsch des AJCB-Leiters Louis Picard zum Direktor des kleinen Verlagshauses „Éditions Rex", das unter den Insignien des „Christus König" (die Buchstaben R.E.X., verwoben mit dem Kreuz und der Krone) die religiösen Publikationen der „Action catholique" vertrieb. Der programmatische Unternehmensname „Éditions Rex" ging auf das Christkönigsfest zurück, das 1925 von Papst Pius XI. mit der Enzyklika „Quas Primas" eingeführt wurde.[146] Im Oktober 1931 übernahm Degrelle mit der finanziellen Hilfe seines Vaters das Gros der Genossenschaftsanteile des Verlagshauses und stieg somit vom angestellten Verlagsleiter zum Haupteigentümer auf. Dennoch nahmen Louis Picard und die Vertreter der „Action catholique" über ihre Sitze im Verwaltungsrat Einfluss auf die Veröffentlichungen der „Éditions Rex". Erst Ende Juli 1933 emanzipierte und entfernte sich Degrelle in den Inhalten seiner Publikationen vollends vom apolitischen Standpunkt der AJCB und der „Action catholique". Wiederum mit familiärer Unterstützung erwarb er zu diesem Zeitpunkt den kompletten Verlag. Innerhalb kürzester Zeit diversifizierte Degrelle erfolgreich dessen Publikationsangebot. Bereits vor der Übernahme des Verlages hatte er in der Broschüre „Furore teutonico!" (1930) seine Ansichten über einen modernen Propagandaapparat der „Action catholique" dargelegt: „Catholiques, tant que vous n'aurez pas une presse forte et vivante [...], qui accueille tous les talents, qui n'ait peur de personne, qui soit toujours sur la brèche [...], tant que vos journaux ne seront pas des instruments actifs d'Action catholique,

---

[145] Etwa zur gleichen Zeit konnte Wallez den jungen Zeichner Georges Remi Prosper alias Hergé für die Kinderbeilage „Le Petit Vingtième" gewinnen. Die ersten Tintin-Comicstrips wurden im „Petit Vingtième" veröffentlicht. Von daher rührt die Legende, dass Léon Degrelle das Vorbild für die Reporter-Figur gewesen sein soll. Siehe Vandromme, Pol, Le loup au cou de chien, Degrelle au service d'Hitler, Paris 1978, S. 28 und Étienne, Jean-Michel, Le mouvement rexiste, S. 11.

[146] Als Kult gegen den Laizismus und die Säkularisierung intendiert, stieß das „Hochfest Christus, König der Welt" auf große Resonanz unter den jungen Katholiken des belgischen Mittelstands, die in dem Bild der „Weltherrschaft Christi" den Ausdruck und das Ziel eines anzustrebenden militanten Katholizismus sahen. Vgl. Conway, Martin, Collaboration in Belgium, S. 9.

en même temps que les plus intéressant, les mieux documenté et les mieux écrits, vous serez le jouet de vos adversaires."[147] Zwischen 1931 und 1933 legte er vier neue Zeitschriften auf („Rex", „Vlan", „Foyer" und „Crois"), die nach und nach den Charakter politischer Kampfschriften annahmen. Zwar war das Bekenntnis zur katholischen Partei nach wie vor gegeben, aber der Ton der Auseinandersetzungen verschärfte sich. In der Ankündigung der Erstausgabe der Zeitschrift „Vlan" vom Januar 1933 bestimmte Degrelle das zukünftige Ziel des Blattes: „Notre journal politique va y aller carrément. Nous n'avons pas non plus l'envie de tout critiquer. Nous dirons simplement la vérité, nous suivrons au jour le jour les événements et les hommes. Nous le feront avec indépendance et aussi avec bonne humeur. Nous servirons le Parti catholique de toutes nos forces, en le critiquant ou en l'encourageant, en attendant de le conquérir."[148] Die Kampfansage an das politische Establishment der „Parti catholique" erregte den Widerstand der AJCB und der „Action catholique", die ein direktes Engagement in der belgischen Innenpolitik ablehnten. Degrelle begann öffentliche Veranstaltungen abzuhalten, auf denen er sein demagogisch-volksrednerisches Talent entdeckte und gegen die Demokratie, gegen Sozialisten und Freimaurer hetzte. Im Sommer 1933 definierte er „Rex" als politische Bewegung zur Erneuerung Belgiens. Im Manifest vom 1. Juli 1933 erfuhren die Leser der „Éditions Rex": „Rex est (I) Un mouvement moderne. (II) Un mouvement catholique. (III) Un mouvement de conquête. [...] Rex se donne (I) À la Belgique, pour ranimer sang grâce à un catholicisme rajeuni. (II) Au Christ, CHRISTUS-REX, en Lui consacrant les efforts de ses soldats, des ses apôtres."[149] In diesen allgemeinen Formeln des revitalisierenden Modernismus, des selbstbewussten Katholizismus und des kühnen Aktionismus erschöpfte sich

---

[147] Degrelle, Léon, Furore teutonico!, Louvain 1930, S. 22.

[148] Rex, 15.1.1933, zit. n. Étienne, Jean-Michel, Le mouvement rexiste, S. 16.

[149] Weiter heißt es: „Rex veut (I) rendre aux catholiques le sens de la fierté, de l'optimisme, de l'intrépidité, de la discipline, de l'action organisée. (II) projeter dans toute la vie moderne, c-à-d la vie spirituelle, la vie sociale, la vie familiale, la vie civique, un catholicisme ardent, intelligent et intégral. [...] Rex se caractérise (I) par son élan, son dynamisme, sa foi, son sens de l'action. (II) par son esprit apostolique, par son intransigeance. (III) par son objectif audacieux: toute la vie moderne, les âmes d'aujourd'hui." Zit. n. Frérotte, Jean-Marie, Léon Degrelle, S. 75.

zeitlebens das Programm der rexistischen Bewegung. An die Stelle einer konkreten politischen Agenda setzte Degrelle den Voluntarismus des „Tatmenschen": „Les programmes, c'est de la blaque. Ce qu'il faut, c'est faire se dresser dans le pays de hommes forts et rudes, clairvoyants et créateurs. Le pays veut des réalisateur, des actifs, des ‚hommes'. Ces ‚hommes', nous les cherchons, nous les trouverons, nous les créerons. Le voilà, notre programme."[150]

Da die aufwändigen Zeitungsproduktionen mehr Geld kosteten als sie einbrachten, gerieten die „Éditions Rex" Ende 1933 in ernsthafte Finanznöte. Der endgültige Bruch mit der apolitischen AJCB und der „Action catholique" vollzog sich im Frühjahr 1934, nachdem Degrelle auf die Ultimaten der AJBC zur Finanzkonsolidierung nicht reagiert und zudem den Vizepräsidenten der Vereinigung scharf kritisiert hatte. Die ACJB zog sich offiziell aus dem Verwaltungsrat der „Éditions Rex" zurück und auch die „Action catholique" distanzierte sich von der „Rex-Bewegung".[151]

Degrelles Aufrufe zur geistigen Erneuerung Belgiens und seine Attacken gegen die vermeintliche Korruption und Selbstgefälligkeit der „Parti catholique" fielen in Zeiten wirtschaftlicher Rezession auf fruchtbaren Boden. Ab 1934/35 waren die „Éditions Rex" im Begriff, über die gewöhnlichen Aktivitäten eines Verlagshauses hinauszuwachsen. Neben der Presseagitation entstanden Aktionsgruppen auf lokaler Ebene. Die Gefolgschaft Degrelles gab ihm den Titel des „Chef de Rex".[152] Anfang November 1935 wagte Degrelle den offenen Affront: Auf einem Kongress des katholischen Dachverbandes „Fédération des associations et cercles catholiques" (FACC) in Courtrai forderte er unter dem Applaus seiner Anhänger die nationalen Vertreter der katholischen Polit-Elite wegen der angeblichen Veruntreuung von Geldern zum Rücktritt auf. Dieser „Coup de Courtrai" vom 2. November 1935 gab der Popularität Degrelles einen enormen Aufschwung. Seine diffamierende Wortschöpfung „bankster" machte die Runde und wurde

---

[150] Vlan, 18.2.1933, zit. n. Frérotte, Jean-Marie, Léon Degrelle, S. 72.
[151] Étienne, Jean-Michel, Le mouvement rexiste. S. 21.
[152] Colignon, Alain, ‚Degrelle', S. 114. Die ersten rexistischen „Sections" entstanden im August 1935 in Liège unter der Führung von Carlos Leruitte. Siehe Étienne, Jean-Michel, Le mouvement rexiste. S. 43.

zum Synonym für den Nepotismus einer korrupten Politiker- und Bankierskaste. Die Kirche sah sich gezwungen, auf die dissidente Strömung innerhalb der katholischen Verbände zu reagieren: Am 20. November 1935 untersagte der Kardinal von Mecheln Jozef-Ernest van Roey seinen Priestern jedwede Verbindung mit den Rexisten.[153] Auch die „Parti catholique" unter ihrem neugewählten Präsidenten Hubert Pierlot verweigerte sich im Februar 1936 den möglichen Verhandlungen über eine gemeinsame Kandidatenliste für die anstehenden Parlamentswahlen.[154]

Die missbilligenden Maßnahmen seitens des katholischen Establishments brachten der rexistischen Bewegung hingegen einen unerwartet hohen Zulauf. Neben jungen, militanten Katholiken schlossen sich nun auch rechtskonservative Veteranen- und Patriotenverbände, aber auch unzufriedene Vertreter des wirtschaftlich bedrohten Mittelstandes – insbesondere Händler und Ladenbesitzer – der neuen Protestbewegung an. Als Auffangbecken des rechtsgerichteten, unzufriedenen Mittelstandes, der nationalistisch und antidemokratisch eingestellt war, erlebte die rexistische Bewegung einen ungeahnten Aufschwung. Degrelle beschloss, für die kommenden Parlamentswahlen im Mai 1936 eigene Kandidaten eines „Front populaire de Rex" aufzustellen.[155]

---

[153] Im Dekret tadelte van Roey den „rein politischen" Charakter der rexistischen Bewegung und untersagte u. a. den Verkauf der Rex-Publikationen vor den Kirchen: „Considérant que Rex est devenu un groupement purement politique; considérant que ce groupement poursuit son but par des procédés qui ne peuvent se justifier; considérant enfin qu'il déploie son activité en dehors des cadres du Partie catholique et en méconnaissant toute discipline, nous ordonnons ce qui suit: 1. Il est interdit aux prêtres et réligieux d'assister à des meeting ou à toutes autres assemblées rexistes et de collaborer aux journaux rexiste. 2. Nous demandons que le journal Rex ne soit pas vendu aux portes des églises [...]. 3. Les supérieurs des établissements d'enseignement de jeunes gens et de jeunes filles, emploieront tous les moyens nécessaires pour que leurs élèves restent étrangers à l'agitation rexiste." Zit. n. Étienne, Jean-Michel, Le mouvement rexiste, S. 28.

[154] Conway, Martin, Collaboration in Belgium, S. 10.

[155] Um seine antiparlamentarische Gesinnung zu unterstreichen, verzichtete Degrelle im Jahre 1936 auf einen Kandidatenplatz. Siehe Étienne, Jean-Michel, Le mouvement rexiste, S. 44.

Im Laufe des Wahlkampfes profitierte „Rex" von aufgedeckten Korruptionsskandalen, in die prominente belgische Politiker verstrickt waren.[156] Als Symbol für den populistisch geführten Wahlkampf diente ein Besen, mit dem die Rexisten die „bankster" aus dem Parlament „fegen" wollten. Am Ende erzielte der „Front populaire de Rex" des 29-jährigen Degrelle überraschend zwölf Prozent der Stimmen und erhielt 21 von 202 Sitzen in der belgischen Deputiertenkammer. Dies kam in der traditionell ruhigen Parteienlandschaft Belgiens einer Revolution gleich. Obwohl alle Parteien Wählerstimmen einbüßten, war es die „Parti catholique", die die größten Verluste einfuhr. Doch der Erfolg des „Front populaire de Rex" beruhte auf dem ephemeren Protestwahlverhalten des unzufriedenen Mittelstandes, das weder ein Bekenntnis zur rexistischen Bewegung noch den Vertrauensbeweis in die junge und unerfahrene Führungsriege der neuen Partei einschloss: In erster Linie war das Votum für die Rex-Partei im Jahre 1936 ein Votum gegen das politische Establishment.[157]

In den Monaten nach den Parlamentswahlen versuchten die Rexisten mit dem bewährten Mittel des politischen Affronts Kapital aus ihrem Wahlerfolg zu schlagen. Neben dem hastigen Aufbau einer zentralen Parteibürokratie lancierten sie die antibolschewistische „Rex ou Moscou"-Kampagne, um sich als einzige tragfähige Alternative zum Kommunismus zu profilieren. Am 25. Oktober 1936 rief Degrelle in Anlehnung an Mussolinis „Marcia su Roma" zum „Marche sur Bruxelles" auf. Wenngleich dieser Marsch auf die belgische Hauptstadt nicht den Sturz der Regierung herbeiführen sollte, hatte sich Degrelle zum Ziel gesetzt, mit dieser Kampagne die Unterstützung der breiten Bevölkerung für die Sache der Rexisten aufzuzeigen. Die populistische

---

[156] Die engen Verflechtungen zwischen der belgischen Politik und des Wirtschaftssystems waren bereits vor den publizistischen Attacken Degrelles Gegenstand journalistischer Kritik, doch waren es die Rexisten, die mit ihrer Mischung aus katholischem Moralismus und populistischer Agitation das Thema für den Wahlkampf des Jahres 1936 instrumentalisierten. Insbesondere der Fall des sozialistischen „Ministre d'État" Edward Anseele erregte die Aufmerksamkeit Degrelles. Neben der Präsidentschaft der „Banque belge du travail" akkumulierte der Politiker Posten in mehr als einem Dutzend Wirtschaftsunternehmen des Landes. Und dies zu einer Zeit, als seine „Parti ouvrier belge" (POB) einem marxistischen Parteiprogramm folgte. Siehe Frérotte, Jean-Marie, Léon Degrelle, S. 45f.

[157] Conway, Martin, Collaboration in Belgium, S. 12.

Werbeaktion endete allerdings in einem Fiasko, da anstelle der erwarteten 250 000 nur 3 000 Anhänger mobilisiert werden konnten.[158]

---

[158] Étienne, Jean-Michel, Le mouvement rexiste, S. 120.

VII. Die Anfänge der Kollaboration zwischen der Rexbewegung und dem Deutschen Reich

Spätestens seit den belgischen Parlamentswahlen des Jahres 1936 bestanden Kontakte zwischen der rexistischen Bewegung und der Führungsriege des „Dritten Reiches". Degrelle unternahm im September des Jahres 1936 eine Privatreise ins nationalsozialistische Deutschland. Ungeachtet ihrer großen Bewunderung für autoritäre Systeme tendierten die Rexisten als strenggläubige Katholiken in dieser Zeit dazu, den Nationalsozialismus argwöhnisch als Gemisch eines heidnischen Rassismus und preußischen Militarismus abzutun.[159] Dennoch kam in Berlin ein Treffen des „Chef de Rex" Degrelle mit dem Reichsaußenminister von Ribbentrop, mit Otto Abetz und sogar mit Adolf Hitler zustande.[160] Obwohl wenig Konkretes bei den Zusammenkünften besprochen wurde, intensivierte Degrelle in der Folgezeit die Beziehungen zu deutschen Spitzenfunktionären. Gerade Otto Abetz besuchte des Öfteren den Rexistenführer in Brüssel und ermunterte diesen beispielsweise im Oktober 1936 während der Vorbereitungen des großangelegten „Marsches auf Brüssel" zum Putschversuch.[161] Der Gauleiter von Köln-Aachen Josef Grohé stellte im Herbst 1936 die Verbindung

---

[159] Conway, Martin, Collaboration in Belgium, S. 13 und Becker, Raymond de, La collaboration en Belgique (1940–1944) ou une révolution avortée, in: Courrier hebdomadaire du CRISP, 53 (1970) 497, S. 5f. Zu den Beziehungen des Auswärtigen Amtes mit Degrelle vor 1936 siehe Krier, Émile, Le Rexisme et l'Allemagne 1933–1940, Une documentation, in: Cahiers d'histoire de la Seconde Guerre Mondiale 5 (1978), S. 176ff.

[160] In seinen Memoiren aus dem Jahre 1992 legt Degrelle nahe, dass das Treffen ohne sein Zutun auf Initiative von Ribbentrops und Hitlers erfolgte: „Irgend jemand [...] hatte ihn [von Ribbentrop] auf unseren zufälligen Aufenthalt in der Reichshauptstadt aufmerksam gemacht." Zum Treffen mit Hitler heißt es schwärmerisch: „So bot sich mir plötzlich die unvermutete Gelegenheit, dem damals mächtigsten Mann Europas von Angesicht zu Angesicht gegenüberzustehen. Es wurde eine für mich erregende Begegnung von etwa zwei Stunden Dauer. [...] Wir verstanden uns. So sollte es unser ganzes Leben lang bleiben. Es war nicht nur die Übereinstimmung unserer Ideen und Auffassungen, sondern mehr noch vielleicht eine fast geheimnisvolle und über den Intellekt hinausgehende gegenseitige Affinität." Degrelle, Léon, Denn der Hass stirbt, S. 135.

[161] Frérotte, Jean-Marie, Léon Degrelle, S. 85 und 122. Ferner Conway, Martin, Collaboration in Belgium, S. 33.

Degrelles zum Reichsminister für Volksaufklärung und Propaganda Joseph Goebbels her. Letzterer zeigte sich vom Habitus des jungen Degrelle stark beeindruckt und klopfte in einer längeren Unterredung die gemeinsamen politischen Standpunkte ab. Goebbels war nach dem rexistischen Wahlerfolg vom Mai 1936 davon überzeugt, Degrelle werde zukünftig in Belgien regieren. Seinem Tagebuch vertraute er an: „Ein forscher, junger Aktivist, der an die Macht kommen wird. Klug, energisch, weitsichtig, großzügig. Lange Aussprache. […] Judenfrage und Freimaurerei vorläufig für ihn kein Problem, scharf antibolschewistisch, Kleriker müssen aus der Politik heraus. Arbeiterfrage lösen! Das sind die Grundelemente seiner Politik. Er trägt das mit viel Temperament vor. Macht einen fabelhaften Eindruck. Ich bin sehr erfreut. [...] Wir scheiden als Freunde."[162]

Obwohl man auf Degrelle setzte, blieb den deutschen Förderern nicht verborgen, dass der Stern der Rexbewegung bereits im Sinken begriffen war. Nach dem gescheiterten „Marsch auf Brüssel" bahnte sich ab dem Winter 1936/37 der innenpolitische Niedergang der Newcomer-Partei an. Die Koalitionsregierung aus Sozialisten, Katholiken und Liberalen begann unter dem Premierminister Paul van Zeeland, Maßnahmen gegen die Rexisten zu ergreifen: Ihre Propaganda durfte nicht länger über den Rundfunk verbreitet werden, und moderate Verfassungsreformen sollten die allgemeine Unzufriedenheit mit dem parlamentarischen System abfedern.[163] Im Frühjahr 1937 versuchte Degrelle die politische Initiative zurückzuerlangen, indem er mit dem arrangierten Rücktritt des rexistischen Parlamentsabgeordneten Alfred Olivier eine partielle Nachwahl einleitete und sich selbst als Kandidaten präsentierte. Da sich die Parteien der Regierungskoalition auf den katholischen Premierminister als gemeinsamen Gegenkandidaten einigten, spitzte sich der Wahlkampf auf das Spitzenduell zwischen van Zeeland und Degrelle

---

[162] Tagebucheintrag vom 10.10.1936, in: Die Tagebücher von Joseph Goebbels, hrsg. v. Elke Fröhlich, Teil 1, Aufzeichnungen 1923–1941, Bd. 3/II, München 2001, S. 209.
[163] Conway, Martin, Collaboration in Belgium, S. 13f. Goebbels notierte: „Faber berichtet über Holland. Dort hat Mussert nachgelassen. […] Er [Faber, S.H.] geht nun in meinem Auftrage nach nach Brüssel, um Rex und Degrelle zu beobachten. Auch da ist kleiner Rücklauf zu sehen. Der junge Mann muß schuften." Tagebucheintrag vom 3.12.1936, in: Die Tagebücher von Joseph Goebbels, hrsg. v. Elke Fröhlich, Teil 1, Aufzeichnungen 1923–1941, Bd. 3/II, München 2001, S. 274.

zu. Während die Rexisten unter dem Slogan „Van Zeeland – Kerensky" dem Premierminister den Ausverkauf Belgiens an den Kommunismus vorwarfen, konterten ihre Gegner mit dem Schlagwort „Rex – Hitler", um Degrelle als Handlanger des national-sozialistischen Deutschlands zu diskreditieren. Für Degrelle endete die Nachwahl vom 11. April 1937 in einem Fiasko: Mit nur 19 Prozent der Stimmen neben glänzenden 75 Prozent für van Zeeland musste er eine herbe Niederlage einstecken. In den Wahlen vom 2. April 1939 konnten die Rexisten gerade noch vier von 21 Sitzen in der belgischen Depu-tiertenkammer behaupten und stellten fortan für den politischen Status quo in Belgien keine Herausforderung mehr dar. Insbesondere in den flämischen Landesteilen verloren sie fast gänzlich die Zustimmung der Wähler.[164] Für Goebbels war Degrelle schlichtweg „vollkommen erle-digt".[165]

Zu Beginn des Zweiten Weltkrieges versank die Rex-Partei schließlich in der politischen Bedeutungslosigkeit. In den angespannten Winter-monaten des „Drôle de Guerre" stellten sich die Rexisten demonstrativ hinter den Neutralitätskurs der belgischen Regierung und von König Léopold III. Erst 1936 hatte Belgien das nach dem Ersten Weltkrieg geschlossene Verteidigungsbündnis mit Frankreich aufgelöst und war zu seiner außenpolitischen Neutralität der Jahre vor 1914 zurückge-kehrt. Doch Degrelles vorgebliche Neutralität hielt sich in Grenzen. Die Ursachen des Krieges sah er größtenteils in einer weltweiten Ver-schwörung von Freimaurern und Juden. Konträr zu den Affinitäten der belgischen Mehrheitsgesellschaft, die sich traditionell auf der Seite des britisch-französischen Verteidigungsbündnisses verortete, rechtfertigte er die Besetzung Dänemarks und Norwegens im April 1940 („Unter-

---

[164] Auf nationaler Ebene erhielten die Rexisten lediglich 4,43 Prozent der Stimmen. Nur in den südlichen Provinzen Walloniens konnten sie mit 7,58 Prozent in Liège und 12,74 Prozent in Luxembourg an den Erfolg von 1936 anknüpfen. Es bildete sich unter dem neuen Premierminister Hubert Pierlot eine Koalitionsregierung aus Katholiken, Sozialisten und Liberalen. Siehe Étienne, Jean-Michel, Le mouvement rexiste, S. 160 und Colignon, Alain, ‚Degrelle', S. 116.

[165] „Oberbürgermeister [von Köln, S.H.] Schmidt berichtet von Belgien. Degrelle ist vollkommen erledigt. Die Flamenfrage steht Belgien wie ein Pfahl im Fleisch." Tage-bucheintrag vom 20.5.1939, in: Die Tagebücher von Joseph Goebbels, hrsg. v. Elke Fröhlich, Teil 1, Aufzeichnungen 1923–1941, Bd. 6, München 1998, S. 353.

nehmen Weserübung") als Vergeltungsmaßnahme gegen alliierte Provokationen.[166] Es waren jene Sympathiebekundungen an die Adresse des Deutschen Reiches, die den belgischen Justizminister Paul-Émile Janson im selben Monat veranlassten, Degrelle und andere hochrangige Mitglieder der Rex-Partei auf die „Schwarze Liste" subversiver Kräfte setzen zu lassen, um sie im Kriegsfall sofort festsetzen zu können.[167] Beim Beginn der deutschen Offensive gegen Frankreich und die Beneluxstaaten („Westfeldzug") am 10. Mai 1940 erfolgte automatisch die Internierung der Anhänger der angeblichen „Fünften Kolonne" in Belgien.[168] Degrelle als „Chef de Rex" wurde mit anderen tatsächlichen oder vermeintlichen Gegnern des belgischen Staates – Trotzkisten, Anarchisten, aber auch deutsch-jüdischen Emigranten, die vor dem Nationalsozialismus geflohen waren – im Zuge des deutschen Vormarsches über Gefängnisse im Westen Belgiens nach Nordfrankreich verschleppt und dort dem Militärgeheimdienst „Deuxième Bureau" übergeben. Die französischen Behörden betrachteten einen Teil der Gefangenen als deutsche Agenten und verübten am 20. Mai 1940 ein Massaker an 21 Internierten, unter denen sich auch Anhänger der Rex-Partei befanden.[169]

Die nationalsozialistische Kriegspropaganda schenkte dem zu diesem Zeitpunkt ungewissen Schicksal Degrelles viel Aufmerksamkeit. Das Auswärtige Amt gab Anfang Juni eine Broschüre unter dem Titel „Die Verbrechen von Lille und Abbéville" heraus, in der ein dänischer Mitgefangener namens Paul Winter die mutmaßliche Erschießung Degrelles in Lille zu bezeugen wusste. Im „Völkischen Beobachter" erschien ein Nachruf auf Degrelle, und der Großdeutsche Rundfunk sendete ein halbstündiges Feature zur Person.[170] Ende Mai 1940 äußerte Hitler

---

[166] Conway, Martin, Collaboration in Belgium, S. 17.

[167] Colignon, Alain, ‚Degrelle', S. 117.

[168] Zum unbegründeten Vorwurf, dass die Rexisten eine „cinquième colonne" in Belgien formierten, siehe Frérotte, Jean-Marie, Léon Degrelle, S. 165.

[169] Conway, Martin, Collaboration in Belgium, S. 28.

[170] Zur Broschüre „Die Verbrechen von Lille und Abbéville" im Original: PA AA, R 27625, Bl. 379–393, insbesondere Bl. 387. Zu den Nachrufen siehe Balace, Francis, Rex 40–41: L'engrenage de la trahison, in: Jours de Guerre 8 (2002), Bruxelles 2002, S. 30, online abrufbar unter http://mediatheque.territoires-memoire.be/doc_num.php?explnum_id=2002 (zuletzt geprüft am 13.03.2020). In sei-

in einem Schreiben an Mussolini seine Sympathie für den Rexistenführer und beklagte dessen mutmaßliche Erschießung als verbrecherischen Akt gegen „die wirklichen Patrioten in diesen Ländern [Degrelle in Belgien und Mussert in den Niederlanden, S.H.].“[171] Bis Mitte Juli 1940 ging die deutsche Führung davon aus, dass der „Chef de Rex" in Lille erschossen worden war.[172] Zu diesem Zeitpunkt befand sich Degrelle

---

nen Nachkriegsmemoiren beschreibt Degrelle ausführlich die harten Haftbedingungen und Verhöre in französischer Gefangenschaft, nicht zuletzt um sie mit den Verbrechen des Nationalsozialismus aufzurechnen: „Und wenn heute in Frankreich noch immer – und besonders gehässig – von angeblichen oder wirklichen Kriegsverbrechen gesprochen wird, die von Angehörigen anderer Nationen begangen oder doch geduldet wurden, gebietet es die Ehrlichkeit und der Anstand, auch die Verbrechen [von Abbéville, S.H.] nicht zu leugnen, sondern zu verurteilen, die dort geschahen." Degrelle, Léon, Denn der Hass stirbt, S. 148. Gleichermaßen war Degrelle mit den Schilderungen seiner Haftzeit in Frankreich bestrebt, die demokratischen Systeme Belgiens und Frankreichs in Misskredit zu bringen und die Kollaboration mit dem „Dritten Reich" zu rechtfertigen. Siehe auch Gérard-Libois, Jules; Gotovitch, José, L'an 40, La Belgique occupée, Bruxelles 1971, S. 114f. und Degrelle, Léon, La guerre en prison, Bruxelles 1941.

[171] Gleichwohl sah Hitler in dem Ereignis ein weiteres Indiz für die vermeintliche Verkommenheit und den bevorstehenden Untergang der parlamentarischen Demokratien: „Ich verstehe, daß man sich der eigenen Opposition erwehrt. Der Gedanke aber, daß man patriotische Männer der eigenen Opposition, die durch ihr bisheriges Verhalten nur bewiesen haben, daß sie in grenzenloser Liebe an ihrem Volk hängen, einer fremden Macht überantwortet mit dem Wunsch,[...] sie von Senegalesen totschießen zu lassen, ist so abscheulich, daß ich mit diesen Opfern eine tiefe innere Solidarität empfinde, obwohl mir die Vernunft sagen müßte, daß sich diese Völker durch die Selbstberaubung ihres wertvollsten Blutes ohnehin nur selbst vernichten." Der Führer an den Duce, 25.5.1940, in: Akten zur Deutschen Auswärtigen Politik 1918–1945, Serie D: 1937–1941, Bd. IX, Dokument 317, Frankfurt am Main 1962, S. 356–359, hier S. 358f.

[172] Propagandaminister Goebbels zeigte sich noch Anfang Juli betroffen vom angeblichen Tode Degrelles und würdigte ihn in seinem Tagebuch als „richtigen Kämpfer und Nationalisten", dem letzten Endes doch die fehlende revolutionäre Gesinnung zum Verhängnis geworden war: „Degrelle von den Franzosen in Lille erschossen. Das tut mir leid. [...] Aber Kompromisse rächen sich immer, wenn auch manchmal spät. Ihm fehlte das Talent zum Letzten. Aber dieses Ende hat er nicht verdient." Tagebucheintrag vom 7.7.1940, in: Die Tagebücher von Joseph Goebbels, hrsg. v. Elke Fröhlich, Teil 1, Aufzeichnungen 1923–1941, Bd. 8, München 1998, S. 161. Ferner: „Neue Nachrichten besagen, daß Degrelle noch lebt. Aber Genaues weiß man nicht." Tagebucheintrag vom 24.7.1940, in: Ebd., S. 234. Und „Degrelle ist nun nach

allerdings im Internierungslager Le Vernet in den französischen Pyrenäen. Im Laufe des Sommers 1940 erfuhr Otto Abetz durch entlassene deutsche Kriegsgefangene, dass Degrelle am Leben war. Er informierte den ehemaligen rexistischen Parlamentsabgeordneten Pierre Daye über dessen Verbleib und fädelte ein Treffen mit der in Vichy residierenden belgischen Exilregierung unter Hubert Pierlot ein.[173] Degrelle wurde daraufhin am 22. Juli 1940 aus der Gefangenschaft entlassen und traf noch vor seiner Rückkehr nach Belgien zu Sondierungsgesprächen mit Otto Abetz in Paris zusammen.

Degrelle strebte über die Kontakte des späteren deutschen Botschafters ein Treffen mit Hitler an, das ihm allerdings bis ins Jahr 1944 verwehrt bleiben sollte. Darüber hinaus legte er dem Botschafter seine Pläne für ein zukünftiges Regierungsorgan namens „Commissariat pour la Belgique" dar, das unter der Leitung Degrelles die Annexion der nordfranzösischen Départements und Teilen der Niederlande einleiten sollte. Zum ersten Mal trug er den deutschen Stellen seine Vision eines Groß-Belgiens in der Nachfolge des Burgundischen Reiches des 15. und 16. Jahrhunderts vor.[174] Voller Häme kommentierte Goebbels das megalomane Projekt einige Monate später in seinem Tagebuch. Degrelle war ihm nicht willfährig genug, die deutschen Interessen als „Aufseher" Belgiens umzusetzen, und hatte mit seinen geopolitischen Visionen wohl der Prävalenz des nationalsozialistischen Imperialismus nicht ausreichend Rechnung getragen: „Degrelle wird erneut aktiv. Wünscht ein Großbelgien mit Luxemburg. Hat keine Ahnung, was die

---

einer wahren Odysee durch die französischen Gefängnisse in Paris angekommen." Tagebucheintrag vom 31.7.1940 in: Ebd., S. 246.

[173] Colignon, Alain, ‚Degrelle', S. 117 und polemisierend Degrelle, Léon, Denn der Hass stirbt..., S. 150f. Dort heißt es: „Er [Otto Abetz, S.H.] informierte Pierre Daye [...] und ermöglichte ihm einen Besuch in Vichy, wo die damals dort residierende belgische Exilregierung nichts sehnlicher wünschte als eine Aussöhnung mit mir. Sie tat es [die Entlassung, S.H.] aus lauter Feigheit, weil man glaubte, ich würde der kommende Mann Hitlers in Belgien sein, der bei der Wiedererringung noch so bescheidener Pöstchen behilflich sein könnte."

[174] Grunert, Robert, Der Europagedanke westeuropäischer faschistischer Bewegungen 1940–1945, Paderborn 2012, S. 164 und Balace, Francis, Rex 40–41: L'engrenage de la trahison, in: Jours de guerre 8 (2002), S. 32, online abrufbar unter http://mediatheque.territoires-memoire.be/doc_num.php?explnum_id=2002 (zuletzt geprüft am 13.03.2020).

Stunde geschlagen hat."[175] Zudem hatte Hitler in einer Einsatzbesprechung vom 14. Juli 1940 die Rahmenbedingungen der deutschen Belgienpolitik abgesteckt, nach denen die Flamen zuungunsten der Wallonen bevorzugt werden sollten: „Der Führer hat hinsichtlich der Zukunft des belgischen Staates noch keine endgültige Entschliessung getroffen. Er wünscht einstweilen jede mögliche Förderung der Flamen [...]. Den Wallonen sind keinerlei Vergünstigungen zu gewähren."[176]

Dies implizierte, dass die Rexisten nach der Besetzung Belgiens verglichen mit dem flämischen Nationalisten des „Vlaams Nationaal Verbond" (VNV) um ihren Parteigründer Staf de Clercq in der Gunst der deutschen Dienststellen ins Hintertreffen gerieten.[177] Im Oktober 1940 wandte sich Degrelle mit einem bemerkenswerten Memorandum an die deutsche Botschaft in Paris, in dem er der „Allemagne National-Socialiste" die vermeintlichen Risiken ihrer Besatzungspolitik in Europa, insbesondere in Belgien aufzeigte und sogleich die Rex-Partei als besten

---

[175] „Aber es ist doch sehr fraglich, ob man ihn politisch ansetzen kann. Er ist doch zu nationalistisch, französisch und radikal eingestellt, als daß man ihn als Aufseher benutzen könnte." Tagebucheintrag vom 31.7.1940, in: Die Tagebücher von Joseph Goebbels, hrsg. v. Elke Fröhlich, Teil 1, Aufzeichnungen 1923–1941, Bd. 8, München 1998, S. 246 und Tagebucheintrag vom 15.9.1940, in: Ebd., S. 326.

[176] Zit. n. Jonghe, Albert de, La lutte Himmler-Reeder pour la nomination d' un HSSPF à Bruxelles, Deuxième partie, L'Infiltration de la collaboration politique en Flandre par la SS, du début de l'occupation à la mort de Staf de Clercq, in: Cahiers d'histoire de la Seconde Guerre Mondiale 4 (1976), S. 11. Vgl. Wever, Bruno de, Greep naar de macht. Vlaams-nationalisme en Nieuwe Orde. Het VNV 1933–1945, Tielt 1994, S. 362 und Wever, Bruno de, Military collaboration in Belgium, in: Die Bürokratie der Okkupation, hrsg. v. Wolfgang Benz, Johannes Houwink ten Cate, Gerhard Otto, Berlin 1998, S. 159.

[177] Dessen ungeachtet versuchte Degrelle über die Vertretungen des Auswärtigen Amtes in Belgien und Frankreich an politischem Einfluss zu gewinnen. Im August erbat er bei der deutschen Botschaft in Brüssel mit einem allzu offenkundigen Lippenbekenntnis, sich nicht mehr in der Politik zu betätigen, die Übernahme der größten belgischen Tageszeitungen. Sowohl in der Redaktion des französischsprachigen „Le Soir" als auch in jener der flämischen „Het Laatse Nieuws" sollten rexistische Vertrauensmänner eingesetzt werden, um „in der Presse eine propagandistische Aktion auf sozialem Gebiet" einzuleiten. Die Initiative blieb ohne Erfolg. Siehe Telegramm, Dienststelle des Auswärtigen Amts in Brüssel an das Auswärtige Amt, 3.8.1940, in: Akten zur Deutschen Auswärtigen Politik 1918–1945, Serie D: 1937–1941, Bd. X, Dokument 281, Frankfurt am Main 1963, S. 333.

aller Kollaborationspartner präsentierte, der zudem schon vor der Besatzung Belgiens nationalsozialistische Ideale vertreten hätte. Unverfroren und weit davon entfernt, eine Ergebenheitsadresse an das nationalsozialistische Deutschland zu formulieren, diktierte Degrelle die Richtlinien der zukünftigen politischen Ordnung im „Nouvelle Europe": Obwohl der Nationalsozialismus kein Exportartikel sei, müsse er in jedem besetzten Land unter Wahrung der jeweiligen nationalen Eigenheiten auf gleichgesinnte Kräfte aufbauen und die staatlichen Institutionen des neuen Europas „koordinieren und harmonisieren". Dabei sei primär auf eine Verwaltung aus einheimischen Kollaborateuren zurückzugreifen.[178] Um die Idee des Nationalsozialismus nicht zu verwässern, müsse sich das Deutsche Reich auf seine Freunde aus der Zeit vor der militärischen Besatzung besinnen, die im Gegensatz zu den politischen Opportunisten der Gegenwart bereits „in der heroischen Kampfzeit" für die selben Ideale gekämpft hätten.[179] Im Falle Belgiens solle mit der „Rückkehr" Nordfrankreichs und der „Befreiung" der Schelde ein Groß-Belgien nach dem Muster der „Germania Inferior" zur Zeit Karls V. entstehen, das im Bunde mit dem Deutschen Reich die militärische, ökonomische und kulturelle Schnittstelle des neuen Europa bilde: „1) La Belgique doit continuer à vivre, selon sa

---

[178] Degrelle notierte: „L'Allemagne nationale-socialiste, tout en assurant à chaque civilisation son épanouissement propre et en permettant à chaque peuple de garder, spirituellement, sa personnalité doit prendre certaines précautions d'ordre politique. [...] Si le Nationale-Socialisme n'est pas un article d'exportation, il est néanmoins indispensable que les institutions des Etats de la nouvelle Europe soient coordonées et mises en harmonie. Elle [l'Allemagne, S.H.] devra donc essayer, partout où elle le pourra, de trouver des collaborateurs sur place et ne mettre ses à elle que là où elle ne trouvera pas de collaboration locale." Siehe Aufzeichnung des belgischen Rexistenführers Léon Degrelle, 20.10.1940, in: Akten zur Deutschen Auswärtigen Politik 1918-1945, Serie D: 1937–1941, Bd. XI/1, Dokument 204, Bonn 1964, S. 289. Für Auszüge der Denkschrift in deutscher Übersetzung siehe Neulen, Hans Werner, Europa und das 3. Reich, Einigungsbestrebungen im deutschen Machtbereich 1939–45, Dokument 46, München 1987, S. 296–298.

[179] „Au contact des pays occupés, le National-Socialisme doir veiller à rester pur, dur, foncièrement révolutionnaire. [...] L'Allemagne nationale-socialiste devra s'appuyer au dehors du Reich, non sur des politiciens convertis maintenant par intérêt, mais sur ses amis éprouvés qui, aux temps heroïques, luttèrent durement pour les mêmes idées qu'elle." Siehe Aufzeichnung des belgischen Rexistenführers Léon Degrelle, 20.10.1940, in: Akten zur Deutschen Auswärtigen Politik 1918–1945, Serie D: 1937–1941, Bd.XI/1, Dokument 204, Bonn 1964, S. 289f.

personnalité. 2) La Belgique doit être fortifiée pour mieux remplir son rôle et retrouver la grande tradition historique de la Germania Inferior."[180] Konträr zum „kleinlichen Regionalismus" des VNV – der überdies keine Führerpersönlichkeit vom Range Degrelles hervorgebracht habe – strebe die Rex-Partei eine „Grande-Belgique" und „Grande-Europe" an.[181] Die Denkschrift führte nicht zur gewünschten politischen Einbeziehung der Rexisten.

---

[180] Ebd., S. 291. Ferner: „La Belgique fut telle sous les Ducs de Bourgogne et sous Charles-Quint, lors'elle était la Germania Inferior, prêtant serment de fidélité au Saint Empire Germanique. Son influence intellectuelle et économique était considérable. [...] Une Belgique forte, agrandie par le retour du Nord de la France et la libération de l'escaut [...] peur rendre les plus grands services. [...] Sa frontière du Sud et la côte du Nord, contrôlés par le Reich, garantiraient la paix occidentale."
[181] „Le nationalisme du V.N.V. est assey étroit [...]: c'est presque du régionalisme. [...] Le V.N.V. n'a pas de chef qui [..] ait un prestige réel et personnel, qui entraîne l'adhésion et l'affection des foules." Ebd., S. 292.

VIII. Die „Légion Wallonie"

Im Herbst des Jahres 1940 befand sich der „Front populaire de Rex" in einer desolaten Lage. Die Versuche Degrelles, den belgischen König für eine Koalitionsregierung aus Rexisten und Sozialisten zu begeistern, scheiterten im September 1940.[182] Der Militärbefehlshaber für Belgien und Frankreich General Alexander von Falkenhausen und der ihm unterstellte Militärverwaltungschef Eggert Reeder förderten gemäß der Richtlinie Hitlers den aus deutscher Sicht „germanischen" VNV.[183] In der Folge intensivierten die paramilitärischen „Formations de Combat" (FC) der Rex-Partei im Herbst den Terror gegen Demokraten, Freimaurer und Juden, um sich der Militärverwaltung für eine weitere Verwendung zu „empfehlen". Allerdings erzielten die Gewaltakte nicht den erwünschten Effekt: Die Besatzungsverwaltung war an einer „Politik der Ruhe und Ordnung" in Belgien interessiert und untersagte weitere Aktionen. Im Übrigen stellte die Gründung der paramilitärischen FC ein Novum in der Geschichte der Rex-Partei dar, denn bis 1940 existierten keine gewaltbereiten „Stoßtrupps" in der rexistischen Bewegung. Mehr noch: In den dreißiger Jahren war der Rexismus eine absichtsvoll gewaltfreie Bewegung, so dass der bekennende Katholik Degrelle im Duktus des Märtyrers nicht müde wurde, den Kampfverbänden der belgischen Kommunisten und Sozialisten ihre Unsittlichkeit vorzuwerfen. In der Parteizeitung „Rex" vom Juni 1936 rühmte sich Degrelle noch der Gewaltfreiheit: „Rex ne possède aucune milice d'aucune sorte et jamais on n'a pu relever de la part de rexistes un seul acte de violence."[184] Die am 9. Juli 1940 entstandenen FC zählten bereits ein halbes Jahr später rund 4 000 Mitglieder.[185]

Doch auch die zunehmende Militarisierung und „Faschisierung" der Rex-Partei führte nicht zur erstrebten Protektion durch die deutsche Besatzungsmacht. Selbst als Degrelle am Neujahrstag 1941 in einem furiosen antibritischen Leitartikel für das Parteiorgan „Le Pays

---

[182] Grunert, Robert, Der Europagedanke, S.164.

[183] Vgl. Jonghe, Albert de, La lutte Himmler-Reeder pour la nomination d'un HSSPF à Bruxelles, Deuxième partie, S. 10ff.

[184] Rex, 5.6.1936, zit. n. Frérotte, Jean-Marie, Léon Degrelle, S. 127.

[185] Colignon, Alain, ‚Degrelle', S. 118 und Grunert, Robert, Der Europagedanke, S. 165.

Réel" den Führungsanspruch Hitlers in Europa bekräftigte und den rhetorischen Kotau (ohne die belgische Eigenstaatlichkeit aufzugeben) mit einem unmissverständlichen „Heil Hitler!" abschloss, erhielt seine Partei nicht die erwünschte Unterstützung.[186] Goebbels blieb skeptisch und wähnte hinter Degrelles ostentativer Annäherung an den Nationalsozialismus politische Bigotterie: „Degrelle macht sich mit einem Aufruf bemerkbar. Aber ich lasse ihn nur ganz klein heraus. Degrelle entpuppt sich doch mehr und mehr als ein falscher Fuffziger."[187]

Der Chef der Sicherheitspolizei und des SD Reinhard Heydrich fühlte sich Ende Januar 1941 genötigt, mit warnenden Worten an den Reichsaußenminister von Ribbentrop heranzutreten. Heydrich hatte die freundschaftliche Verbindung zwischen Abetz und Degrelle registriert und versuchte angesichts der politisch unklaren Lage über die kommende „Neugestaltung" Belgiens Einfluss auf den Reichsaußenminister zu nehmen. Heydrich betrachtete weder Degrelle noch Staf de Clercq vom VNV als brauchbare Kollaborateure, sondern bevorzugte in seiner Denkschrift eine flämische Allgemeine-SS mit ihrem Fürsprecher Cyriel Verschaeve als kommender politischer Kraft in Belgien.[188] Für Heydrich stand fest, dass Degrelle als „Führer einer gesamtbelgischen Bewegung [...] völlig unmöglich" sei, da er „schon als Wallone den germanischen Flamen nicht als Führer aufgedrängt" werden könne.[189] Zudem hätte sich Degrelle „unter dem Eindruck der Anerkennung Musserts in Holland" gewissermaßen aus taktischen Gründen

---

[186] Colignon, Alain, ‚Degrelle', S. 117. Im betreffenden Artikel im „Le Pays Réel" vom 1.1.1941 heißt es: „Hitler hat sein Land gerettet, ganz Mitteleuropa reorganisiert, Frankreich von der politischen Tyrannei befreit und dem Abendland ungeahnte Möglichkeiten eröffnet: Schon morgen wird sein Genie ganz Europa umformen.", zit. n. Grunert, Robert, Der Europagedanke, S. 168.

[187] Tagebucheintrag vom 5.12.1940 (richtig: 5.1.1940), in: Die Tagebücher von Joseph Goebbels, hrsg. v. Elke Fröhlich, Teil 1, Aufzeichnungen 1923–1941, Bd. 9, München 1998, S. 80.

[188] Zur flämischen SS siehe Wever, Bruno de, Military collaboration in Belgium, S. 155. Überdies gründete sich am 13. März 1941 auf die eigenmächtige Initiative des SD in Liège die Vereinigung „Amis du Grand Reich Allemand" (AGRA) und propagierte einen antikapitalistischen, antiparlamentarischen, antiklerikalen, rassistischen und annexionistischen Kurs. Sie strebte an, die Rex Partei als wallonische Monopolpartei abzulösen. Siehe Grunert, Robert, Der Europagedanke, S.171f. Zur Denkschrift Heydrichs siehe Kapitel V dieser Studie.

[189] Heydrich an Ribbentrop, 29.1.1941, PA AA, R 101032, Bl. E 024520.

entschlossen, die „nationalsozialistische Karte auszuspielen" und habe sich unklug mit diesem Doppelspiel gegen die „Masse der belgischen Bevölkerung französischer Sprache" gestellt.[190]

Die Militärverwaltung hingegen setzte weiterhin auf den VNV und interpretierte das Degrellesche „Heil Hitler!" als eine rein „spekulative Vertrauenskundgebung für den Neugestalter Europas", da Degrelle seine großbelgischen Ambitionen nicht aufgegeben hätte. Die Tätigkeitsberichte des Militärverwaltungschefs Reeder für 1941 finden bezeichnenderweise keine positiven Aussagen über den „Chef de Rex" und dessen Bewegung.[191] Auch der Vertreter des Auswärtigen Amtes beim Militärbefehlshaber für Belgien und Nordfrankreich Werner von Bargen warnte vor der politischen Einbeziehung Degrelles. Der Deutsche Botschafter in Paris Otto Abetz hatte sich zwar Anfang März 1941 dafür ausgesprochen, „den weltanschaulich dem Nationalsozialismus nahestehenden Bewegungen eine größere Entfaltungsmöglichkeit zu geben" und Degrelle über einen „Führerempfang" neue Möglichkeiten zu eröffnen, doch von Bargen versuchte umgehend derartige Pläne zu vereiteln. So telegrafierte er eilends an seinen Vorgesetzten: „Bisherige politische Linie, die für Zukunft alle Möglichkeiten offen läßt, aber in Gegenwart Experimente vermeidet, hat sich vollauf bewährt. [...] Einsatz Degrelles, der fast alle Anhänger verloren hat, [...] würde alsbald zu krisenartiger Versteifung hiesiger Lage führen."[192]

In dieser für die Rexisten verfahrenen innenpolitischen Situation trat der Parteichef die Flucht nach vorne an: In einem auf den 10. April 1941 datierten Brief an Hitler bat Degrelle um die Erlaubnis, als einfacher Soldat in den Reihen der Wehrmacht kämpfen zu dürfen.[193] Im Februar 1941 hatten die zuständigen Wehrmachtstellen bereits den

---

[190] Ebd., Bl. E 024518.

[191] Tätigkeitsbericht Nr. 13 der Militärverwaltung für den Monat Januar, 2.2.1941, zit. n. Grunert, Robert, Der Europagedanke, S. 169. Vgl. Jonghe, Albert de, La lutte Himmler-Reeder pour la nomination d' un HSSPF à Bruxelles, Trosième partie, Évolution d'octobre 1942 à octobre 1943, in: Cahiers d'histoire de la Seconde Guerre Mondiale 5 (1978), S. 46.

[192] Vertreter des Auswärtigen Amts beim Militärbefehlshaber Belgien/Nordfrankreich an das Auswärtige Amt, 13.3.1941, in: Akten zur Deutschen Auswärtigen Politik 1918–1945, Serie D: 1937–1941, Bd. XII/1, Dokument 193, Bonn 1969, S. 237f.

[193] Colignon, Alain, ‚Degrelle', S. 118 und Grunert, Robert, Der Europagedanke, S. 171.

Eintritt belgischer Männer in das „Nationalsozialistische Kraftfahrerkorps" (NSKK) autorisiert, so dass Degrelle im März 1941 die „Brigade motorisée rexiste" ins Leben rief, die mit rund 300 Mann dem NSKK beitrat.[194] Dennoch: Degrelles Wunsch, im April 1941 eine eigene Legion aus Rexisten für den Kampf gegen das Vereinigte Königreich zu formieren, wurde nicht erhört. Weder die Militärverwaltung noch das Auswärtige Amt unterstützen ihn, wenngleich Botschafter Abetz sich in einer Art Freundschaftsdienst direkt an den Reichsaußenminister wandte: „Léon Degrelle hat mich gebeten, der Reichsregierung mitzuteilen, dass tausend rexistische Weltkriegsteilnehmer bereit seien, eine Legion für den Kampf Deutschlands gegen England zu bilden. Darunter befänden sich zwanzig erprobte Kampfflieger."[195]

Erst mit dem deutschen Angriff auf die Sowjetunion wendete sich das Blatt zugunsten der Rexisten. Nachdem Degrelle in zwei Artikeln für die Parteizeitung „Le Pays Réel" seine unbedingte Solidarität mit dem Deutschen Reich im „Kampf gegen Stalin" erklärt hatte, eilte er am 26. Juni 1941 nach Paris, wo Abetz die Aufstellung der LVF koordinierte.[196] In der Abwesenheit des „Chef de Rex" unterhielt sein persönlicher Sekretär und Intimus, der „Lieutenant du Chef de Rex" und „Commandant fédéral" der „Formations de Combat" Fernand Rouleau, die Kontakte zur Militärverwaltung im besetzten Belgien.[197] Am 1. Juli 1941 preschte er eigenmächtig mit einem Artikel im „Le Pays

---

[194] Conway, Martin, Collaboration in Belgium, S. 69.

[195] Abetz an Ribbentrop, 31.4.1941, zit. n. Grunert, Robert, Der Europagedanke, S. 171. Ob sich in der dem Altersdurchschnitt nach jungen Partei „tausend rexistische Weltkriegsteilnehmer" finden ließen, ist sehr zu bezweifeln.

[196] Le Pays Réel, 24. und 25.6.1941. Zur Rolle von Otto Abetz bei Entstehung der LVF siehe Kapitel II dieser Studie.

[197] Der Rang des „Lieutenant du Chef de Rex" war im Sommer 1940 – nachdem Degrelle aus der Gefangenschaft in Frankreich zurückgekehrt war – in Anlehnung an das Amt des „Stellvertreter des Führers" Rudolf Heß geschaffen worden. Rouleau war es, der nicht ohne innerparteilichen Gegenwind die Übernahme von nationalsozialistischen Kommandos sowie Uniformen durchsetzte und Degrelle zunehmend die Organisation von Parteiangelegenheiten abnahm. Es gibt wenig gesicherte biografische Informationen über Rouleau aus der Zeit vor 1940, so dass sein plötzliches Erscheinen und kometenhafter Aufstieg innerhalb der Rex-Partei Anlass für Spekulationen gaben, er hätte im Dienste der Deutschen die Kollaboration und „Faschisierung" der Partei vorangetrieben. Zur Diskussion siehe Conway, Martin, Collaboration in Belgium, S. 42 und 89f. und Balace, Francis, Rex 40–41, S. 39f.

78

Réel" in Richtung einer millitärischen Kollaboration mit dem Deutschen Reich vor: „Nous n'ignorons certes point que l'armée du Reich n'a nul besoin d'apports étrangers pour conduire victorieusement l'action qu'elle vient d'engager. Mais à ce rendez-vous de tous les peuples conscients de notre continent, nous ne voulons pas […] être absents. C'est pourquoi, en l'absence du Chef de Rex, son Lieutenant, agissant au nom de tout l'État-Major du Mouvement, a adressé à Son Excellence le Gouverneur Militaire pour la Belgique et le Nord de la France une lettre lui demandant d'une manière pressante, de bien vouloir faire connaître le Führer […], le désir ardent des nationaux-socialistes wallons de s'associer à la Croisade du vingtième siècle."[198]

Degrelle reagierte indigniert auf die Aktivitäten seines Ratgebers, der ihn während des Parisaufenthaltes vor vollendete Tatsachen stellte. Einerseits erschien der Parteichef nun nicht mehr als Initiator, sondern als Trittbrettfahrer der deutsch-belgischen Militärkollaboration.[199] Andererseits strebte Degrelle noch Ende Juni/Anfang Juli 1941 aus politischen Gründen eine gesamtbelgische Kampfeinheit an, die nicht nur aus „wallonischen Nationalsozialisten" – wie sein „Lieutenant" Fernand Rouleau es formulierte – bestand. Allerdings wurde diese Konzeption schnell vom VNV und der Militärverwaltung ausgebremst, da sie als Versuch gewertet wurde, den deutschen Stellen ein indirektes Bekenntnis zu einem belgischen Einheitsstaat unter rexistischer Führung abzuringen.[200] Darüber hinaus hatte der „Chef de Rex", als das Projekt einer wallonischen Legion in den Bereich des Möglichen rutschte, keineswegs die Absicht, Belgien zu verlassen, um an die Front zu gehen. Vielmehr versprach er sich vom politischen Unterpfand einer eigenen Kampftruppe vor Ort neue Entfaltungsmöglichkeiten in der belgischen Innenpolitik.[201] In einer Ansprache an die Brüsseler FC vom

---

[198] Le Pays Réel, 1.7.1941, zit. n. Bruyne, Eddy de, La difficile naissance d'une légion perdue, in: Jours de guerre 8 (2002), online abrufbar unter: http://mediatheque.territoires-memoire.be/doc_num.php?explnum_id=2002, Druckausgabe: S. 57 (zuletzt geprüft am 13.03.2020).

[199] Bruyne, Eddy de, Les Wallons meurent à l'Est, La Légion et Léon Degrelle sur le Front russe 1941–1945, Bruxelles 1991, S. 31.

[200] Conway, Martin, Collaboration in Belgium, S. 496 und Grunert, Robert, Der Europagedanke, S. 178.

[201] In seinen Memoiren schreibt Degrelle hingegen: „Daß ich selbst dabei mit gutem Beispiel vorangehen und als Nichtsoldat von ganz unten anfangen mußte, war für

6. Juli 1941 rief er sein Schreiben vom 10. Mai 1941 in Erinnerung, in dem er persönlich um die Aufnahme in die Wehrmacht gebeten hatte. Er verkündete gleichzeitig die kurz zuvor vom Chef des Oberkommandos der Wehrmacht (OKW) Wilhelm Keitel erhaltene Ablehnung des Gesuches und wertete sie als deutlichen Fingerzeig, dass der Platz seiner wahren Pflichterfüllung in Belgien läge.[202] Zudem ging er in seiner Rede von einem kurzen Feldzug gegen die Sowjetunion aus und bezeichnete als seine einzige Sorge, dass die Freiwilligen nicht mehr vor der siegreichen Beendigung der Kampfhandlungen die Front erreichten. Demonstrativ bedauerte es der „Chef de Rex", aufgrund seiner Verpflichtungen in der Heimat nicht an diesem Abenteuer teilnehmen zu können: „Je voudrais être libre et avoir 20 à 25 ans comme vous autres. Le Commandant Rouleau et le Commandant Richard [Chef der Brüsseler FC, S.H.] ont demandé à partir. Je n'ai qu'une peur; c'est que vous n'arriviez que quand il sera trop tard. Cette lutte sera à peu près terminée vous aurez au moins donné l'élan."[203]

Kurzum, in dieser Ansprache proklamierte Degrelle die Gründung einer „Garde Wallone" (Sicherungstruppe im Inneren) und eines „Corps Franc ‚Wallonie'" (Kampftruppe an der Ostfront), ohne ein persönliches Engagement in den Reihen einer dieser Organisationen anzustreben. Umgehend wurden Rekrutierungsbüros für die neuen Formationen eingerichtet und der „Chef de Rex" unternahm Agitationsreisen im französischsprachigen Teil Belgiens. Im „Le Pays Réel" vom 13. Juli 1941 führte er unter der Schlagzeile „Pourquoi participer à la lutte contre le bolchevisme" die Gründe an, die seiner Ansicht nach die militärische Kollaboration mit dem Deutschen Reich notwendig machten: Degrelle war sich sicher, dass in einem kurzen Feldzug gegen die Sowjetunion über die künftige Ordnung Europas entschieden werden würde und der Sieg des nationalsozialistischen Deutschlands Wohlstand und Eintracht über Europa bringen werde. Dass belgische Legionäre Seite an Seite mit der deutschen Wehrmacht gegen die „Gefahr

---

mich selbstverständlich. Ich wußte aus meiner politischen Tätigkeit, daß ein Volksführer nicht von seinen Gefolgsleuten verlangen darf, was er nicht selbst zu tun bereit ist." Degrelle, Léon, Denn der Hass stirbt, S. 127.

[202] Bruyne, Eddy de, La difficile naissance, S. 58.

[203] Zit. n. Bruyne, Eddy de, Les Wallons meurent, S. 32.

des Bolschewismus" kämpften, garantiere dem Land einen ebenbürtigen Platz im „neuen Europa".[204] Obwohl seit dem 9. Juli 1941 in Bruxelles, Anvers, Liège, Namur, Mons, Tournai und Arlon die Rekrutierungsbüros geöffnet waren, meldeten sich in den folgenden Tagen nur rund 150 Kandidaten in Bruxelles und Liège. Die provisorische Organisation der Anwerbung lag anfangs noch in den Händen der Ergänzungsstelle der Waffen-SS in La Haye in Nordfrankreich, obwohl zwei Tage zuvor auf höchster Ebene in Berlin die Zugehörigkeit der künftigen Legion zur Wehrmacht beschlossen worden war.[205]

Degrelle war sich der fehlenden Popularität seines neuen Unternehmens bewusst. Die prodeutschen Bekenntnisse vom Januar 1941 hatten keineswegs das Gros der Rexisten auf ein militärisches Engagement fernab der Heimat vorbereitet. Den vornehmlich patriotisch gesinnten Parteianhängern missfiel es, als Hilfsformation im Verband der deutschen Wehrmacht eingesetzt zu werden, deren Truppen erst ein Jahr zuvor das Land erobert hatten. Für viele kam das Tragen deutscher Uniformen nicht in Frage, und eben dies schrieben die Richtlinien des OKW zum Einsatz von ausländischen Freiwilligen vor.[206] Die deutsche Seite war nicht willens, eine gesamtbelgische Formation ins Leben zu

---

[204] Conway, Martin, Collaboration in Belgium, S. 96. In seinen Nachkriegsmemoiren setzt Degrelle andere Akzente. Demnach war es das vorangegangene Engagement flämischer Soldaten in der Waffen-SS, das eine wallonische Einheit aus machtpolitischen Gründen notwendig machte: „Flamen also waren es, die mich im Sommer 1941 letzten Endes zu dem Entschluß bewogen, wallonische Freiwillige für die Beteiligung am Feldzug gegen die Sowjetunion zu werben. Wenn die Flamen jetzt mit den Deutschen marschierten, wir Wallonen aber bei unseren heimischen Filzpantoffeln blieben, konnte für uns die letzte Möglichkeit verlorengehen, unser politisches Überleben zu sichern." Degrelle, Léon, Denn der Hass stirbt, S. 127. Weiter: „Denn neben dem erhofften und erstrebten Europa gab es ja auch noch unser eigenes kleines Vaterland. Welche Sicherheiten hatten wir, die wir an Hitlers Endsieg nicht zweifelten, daß wir als Nation bestehen bleiben und unseren angemessenen Platz in der kommenden Europa-Gemeinschaft einnehmen würden?" Ebd., S. 123. In Degrelles retrospektiver Argumentation steht eine gesamtbelgische Legion unter rexistischer Führung nicht zur Debatte. Zur flämischen Waffen-SS siehe Wever, Bruno de, Military collaboration in Belgium, S. 155ff.

[205] Erst am 26. Juli 1941 kommunizierte das Auswärtige Amt an die wallonischen Kriegsdienstwilligen, dass sie in die Reihen der Wehrmacht eingegliedert werden. Siehe Bruyne, Eddy de, La difficile naissance, S. 59 und 62.

[206] Vgl. Kapitel II dieser Studie.

rufen und im Hinblick auf die ausschließlich französischsprachige Zusammensetzung einer „wallonischen Legion" entfiel die Möglichkeit, die belgische Trikolore als Truppenfahne zu verwenden. Degrelle erreichte bei der Militärverwaltung zumindest das Zugeständnis, ganz im Sinne seiner „Großburgund"-Vision anstelle des regionalistischen „Coq wallon" ein stilisiertes Burgunderkreuz zur Fahne zu nehmen.[207] Die Kommandosprache war französisch, während die Ärmelwappen der zukünftigen Legion in den belgischen Nationalfarben gehalten und mit dem Schriftzug „Wallonie" bestickt waren. Entgegen der zunächst verwendeten Bezeichnung des „Corps franc ‚Wallonie'", die sich offenkundig am Beispiel des kurz zuvor gegründeten „Frikorps Danmark" orientierte, brachte Degrelle den Namen „La Légion Belge Wallonie" ins Spiel, um eine belgisch-nationale Ausrichtung der Truppe zu betonen.

Schlussendlich konnte sich auf offizieller Ebene der Einschub „belge" für die „Légion Wallonie" nicht durchsetzen. In den amtlichen Korrespondenzen der beteiligten deutschen Institutionen war im Folgenden von der „Légion wallone", dem „Wallonen-Bataillon" oder sogar dem „wallonischen Freikorps" die Rede, während Degrelle weiterhin von der „Belgischen Legion Wallonie" sprach, denn für die Binnenintegrität der Truppe oder zumindest als Ausdruck des politischen Programms ihres geistigen Führers spielte der Hinweis auf eine belgische Identität in der Anfangszeit keine unwesentliche Rolle. Degrelle bezeichnete hinsichtlich seiner Großburgund-Pläne die Legionäre gar als „Bourguignons". Zwar war der „Chef de Rex" mit einer gesamtbelgischen Sonderformation gescheitert, doch ließen sich mit derlei Sprachregelungen die innenpolitische Illusion, einen Machtanspruch auf ganz Belgien zu erheben, und der außenpolitische Wunsch nach Anerkennung eines gesamtnationalen Kampfverbandes weiter aufrechterhalten.

Die deutschen Stellen nahmen die politischen Implikationen des Namens aufmerksam zur Kenntnis. Noch im Sommer 1942, als die Legion bereits ihre ersten Kampfeinsätze absolviert hatte, informierte der Verbindungsmann des Auswärtigen Amtes beim Panzer-Armeeoberkommando (AOK) 1 die zuständigen Stellen in Berlin über die artifiziell anmutende „burgundische" Traditionspflege innerhalb der Truppe.

---

[207] Conway, Martin, Collaboration in Belgium, S. 97.

Offenkundig hatte die Degrelle dem Berichterstatter seine politischen Visionen in die Feder diktiert: „Ihre Fahne, ein echter altburgundischer Fahnenschaft mit schwerer Seide ist der Ausdruck einer bewusst betonten historischen Tradition, die in besonders kennzeichnender Weise auch dadurch veranschaulicht wird, dass die Angehörigen der Legion sich als ‚Bourguignons‘ im Sinne von Burgundern der Zukunft bezeichnen. [...] In dieser Richtung [d.h. angesichts der angestrebten Gründung eines ‚großbelgischen burgundischen Reiches‘, S.H.] legt Degrelle Wert darauf, dass das Freikorps keine ausschließliche wallonische Angelegenheit ist, nicht den Namen ‚La Légion Wallonie‘, sondern ‚La Légion Belge Wallonie‘" führt. Er bezeichnet sich selbst als belgisch wallonischen Nationalisten [...]."[208]

Nichtsdestotrotz konnten auch die Versuche einer sprachlich-symbolischen Selbstbehauptung in der Aufbauphase der Legion kaum Zugkraft entwickeln. Bis Mitte Juli 1941 blieben die Rekrutierungsbüros leer. Fernand Rouleau sah sich gezwungen, bereits am 11. Juli 1941 in einem geharnischten Rundbrief an die leitenden Kader der „Formations de Combat" auf die Dringlichkeit der Rekrutierung hinzuweisen. Sollte die Aufstellung des „Corps franc ‚Wallonie‘" scheitern, wäre dies ein Rückschlag für die Bewegung und Wasser auf die Mühlen ihrer Feinde: „Il est absolument indispensable pour le prestige et l'avenir du Mouvement que le nombre des volontaires dans le Corps Franc atteigne un minimum décent. En effet, si tel n'était pas le cas, nos adversaires ne manqueraient pas d'exploiter un insuccès éventuel contre nous."[209] Rouleau stellte in Aussicht, dass die von den Deutschen festgelegten Aufnahmekriterien heruntergesetzt werden würden und schreckte nicht davor zurück, jedem Rexanhänger, der die Aufnahmekriterien erfüllte und sich trotzdem nicht freiwillig zu den Waffen meldete, ein individuelles Verhör anzudrohen: „Les bureaux de recrutement ont reçu la consigne confidentielle de se montrer très larges dans l'application des conditions d'âge et autres imposées au recrutement. [...] Chaque homme inscrit au Mouvement [...] et répondant plus ou moins aux conditions requises, devra être interrogé individuellement et, si possible, en

---

[208] Der Vertreter des Auswärtigen Amtes beim Panzer-AOK 1, 20.7.1942, PA AA, R 101032. Die handschriftlichen Anmerkungen und vielfachen Datierungen belegen, dass das Dossier oft und aufmerksam gelesen wurde.
[209] Bruyne, Eddy de, La difficile naissance, S. 59f.

présence de témoins, de manière à être obligé de justifier publiquement une décision négative éventuelle."[210] In der Tat wurden die von der Wehrmacht festgesetzten Musterungsanforderungen herabgesenkt. Weder die Bestimmungen zur Größe (mindestens 1,68 m) noch das Alter (19 bis 36 Jahre) behielten ihre Gültigkeit: Für eine Aufnahme in die wallonische Legion war fortan eine Körpergröße von 1,65 m ausreichend, und die Alterspanne wurde auf 17 bis 40 Jahre ausgedehnt. Eine militärische Vorbildung oder gar die elterliche Erlaubnis für die Rekrutierung Minderjähriger erachtete man als unnötig.[211]

Gleichwohl blieben neue Rekruten für die wallonische Sonderformation aus. Erst als der „Chef de Rex" überraschend auf einer Versammlung in Liège am 20. Juli 1941 sein persönliches Engagement als einfacher Soldat in den Reihen der Legion verkündete, konnte das drohende Fiasko abgewendet werden.[212] Bereits drei Tage später stieg die Zahl der Rekruten sprunghaft auf über 900 Neuanwerbungen an. Insbesondere die lokalen Kader der Rex-Partei fühlten sich offenbar aus Loyalität verpflichtet, ihrem Anführer nachzueifern, mit der Folge, dass sich die Partei durch die Abwanderung ihres mittleren Führungspersonals selbst „enthauptete". Während die Rex-Partei personell im Inneren geschwächt wurde, erhoffte sich Degrelle insgesamt ein besseres Standing gegenüber der Besatzungsmacht. Einerseits brauchte es einen Aufsehen erregenden Coup, um die Rekrutierungszahlen der wallonischen Legion in die Höhe zu treiben und andererseits konnte sich der „Chef de Rex" mit dieser aus der Not geborenen Verzweiflungstat ungleich deutschfreundlicher präsentieren als die Vertreter des VNV. Denn die

---

[210] Bruyne, Eddy de, La difficile naissance, S. 60.

[211] So kam es, dass in der Legion die Altersspanne ungewöhnlich groß ausfiel: „Sie sind Freiwillige aller Jahrgänge; vom 14-jährigen Knaben, der seine carte d'identité mit der eines viele Jahre älteren Kameraden vertauschte, um die Aufnahmebedingungen zu erfüllen, bis zum 40jährigen Manne kämpfen sie mit dem Wahlspruch ,Dur et Pur – Rex vaincra'[...]." Der Vertreter des Auswärtigen Amtes beim Panzer-AOK 1, 20.7.1942, PA AA, R 101032. Vgl. Bruyne, Eddy de, La difficile naissance, S. 60.

[212] Weder die deutschen Stellen noch die Familie Degrelles waren über diesen medialen Coup im Vorfeld informiert. Siehe Conway, Martin, Collaboration in Belgium, S. 98.

Parteiführer der konkurrierenden Kollaborationspartei waren keineswegs gewillt, fernab der Heimat das Leben zu riskieren.[213] Auch der Konflikt zwischen Degrelle und Rouleau löste sich zum Vorteil des Parteichefs: Sein „Lieutenant", der sich am 1. Juli 1941 mit der Proklamation einer deutsch-wallonischen Militärkollaboration in den Vordergrund gespielt und am 12. Juli 1941 zu den Fahnen gemeldet hatte, möglicherweise um die Legion als eigene Hausmacht zu etablieren, konnte nunmehr kein politisches Kapital aus seinem Engagement schlagen. Bezeichnenderweise verschwand Fernand Rouleau ebenso schnell wieder aus der Rex-Bewegung wie er erschienen war. Nach einem kurzen Disput mit Degrelle, der ihn im August 1941 der Verschwörung bezichtigte, verließ Rouleau Legion und Partei.[214]

Als Degrelle in seiner Brüsseler Rede an die „Formations de Combat" am 6. Juli 1941 die „Garde Wallonne" und das „Corps franc ‚Wallonie'" ausrief, waren die Koordinierungsgespräche zwischen den deutschen Stellen über die Einsatzmodalitäten einer wallonischen Truppe noch nicht beendet, geschweige denn alle Einzelheiten zu Versorgungsleistungen und Uniformen im Einsatz geregelt. Am 3. Juli 1941 konferierte Rouleau mit dem Oberkriegsverwaltungsrat und Generalreferenten beim Militärbefehlshaber für Belgien und Nordfrankreich Franz Thiedeck, der ihm den Einsatz der wallonischen Truppe im Rahmen der Waffen-SS zusicherte. Indessen war die Militärverwaltung und insbesondere der zuständige „Kommandostab Z" unter der Leitung von einem gewissen Major Baumann eher an einer Erhebung für eine „Wallonische Wachabteilung" interessiert, die analog zur bereits operierenden „Vlaamsche Wacht" zum Schutz von strategisch wichtigen Einrichtungen im besetzten Belgien und eben nicht außer Landes eingesetzt werden sollte.[215] Auch Thiedeck räumte ein, dass die Rekrutierung einer inländischen Wachabteilung Vorrang habe und dass aus ihren Reihen

213 Eine Ausnahme bildete der Propagandaleiter des VNV Reimond Tollenaere, der im Sommer 1941 der flämischen Waffen-SS beitrat. Vgl. Bruyne, Eddy de, La difficile naissance, S. 60.

214 Conway, Martin, Collaboration in Belgium, S. 101f. und Bruyne, Eddy de, Les Wallons meurent, S. 34f.

215 Der sogenannte „Kommandostab Z" war der Verbindungsstab der Militärverwaltung zu den belgischen Kollaborationseinheiten. Siehe Bruyne, Eddy de, Les Wallons meurent, S. 179.

schließlich für den Kampfverband zum Einsatz gegen die Sowjetunion geschöpft werden solle.[216]

Kurz darauf fand auf höherer Ebene am 7. Juli 1941 in Berlin eine Konferenz von Vertretern der SS, der Wehrmacht, des Auswärtigen Amtes, des Reichswirtschaftsministeriums und des Reichsministeriums des Inneren statt, auf der die Weichen zum Kriegseinsatz von ausländischen Freiwilligen gestellt wurden. Die Konferenzteilnehmer beratschlagten über einen Richtlinienentwurf der Abteilung Landesverteidigung des OKW zur Verwendung von ausländischen Kriegsfreiwilligen. Für die Konferierenden stand a priori fest, dass Belgien gemäß Hitlers „Flamenpolitik" nicht als nationale Einheit anzusehen war, so dass die flämischen und wallonischen „Volksgruppen" gesondert behandelt werden mussten. Der Fall Wallonien war für die Teilnehmenden exzeptionell, da er im Gegensatz zum französischen und flämischen nicht im Richtlinienentwurf berücksichtigt worden war. Während die französischen Freiwilligenverbände der Wehrmacht und die flämischen der Waffen-SS zugeteilt werden sollten, musste über die Verwendung der wallonischen Freiwilligen nachverhandelt werden. Der Leiter der „Germanischen Leitstelle" Franz Riedweg lehnte mit dem Verweis auf höhere Anweisungen die Aufnahme eines wallonischen Verbandes in die Waffen-SS weder kategorisch ab, noch zeigte er viel Interesse an einer möglichen Eingliederung: „Hinsichtlich der Wallonen wurde beschlossen, daß nach Rücksprache mit dem Befehlshaber in Belgien die Zuteilung zur Wehrmacht oder zur Waffen-SS angeordnet würde. Gemäß Instruktionen betonte der B. [Berichterstatter, hier der Protokollant Riedweg, S.H.], daß die Waffen-SS wohl bereit sei, eine wallonische Sonderformation aufzunehmen, aber keinen besonderen Wert darauf lege."[217] Laut Protokollführung befürwortete der Vertreter des Auswärtigen Amtes Frohwein die Übernahme durch die Wehrmacht: „Gesandter Frohwein wies darauf hin, daß es wohl das beste sei, daß die Waffen-SS, wie im beiliegenden Bericht zum Ausdruck kommt, sich auf Dänen, Norweger, Schweden, Niederländer und Flamen

---

[216] Bruyne, Eddy de, La difficile naissance, S. 57.
[217] Besprechung über ausländische Kriegsfreiwillige im Auswärtigen Amt vom 7.7.41, 8.7.1941, BArch, NS 19/1871, Bl. 57.

86

konzentriere, und die anderen ausländischen Freiwilligen der Wehrmacht zugeteilt würden."[218] Offenbar stand seitens des SS-Hauptamtes als weitere Option die Integration einer wallonischen Truppe in den französischen Freiwilligenverband zur Debatte. Dieser Variante stellte sich der Militärbefehlshaber für Belgien und Nordfrankreich von Falkenhausen entgegen. Der Chef des SS-Hauptamtes Gottlob Berger nahm somit aus taktischen Erwägungen Abstand: „Der Militärbefehlshaber Belgien und Nordfrankreich will unter gar keinen Umständen, dass die Wallonen mit den Franzosen zusammenkommen. Ich selbst möchte mir den Militärbefehlshaber nicht vergrämen."[219]

Am 8. August 1941 verließen unter dem Schutz der deutschen Feldgendarmerie rund 860 Männer des ersten Freiwilligenkontingentes der „Légion Wallonie" die belgische Hauptstadt, um wenige Tage später ihre militärische Grundausbildung auf dem Truppenübungsplatz der Wehrmacht bei Meseritz im damaligen Warthegau anzutreten. Anlässlich der Abschiedszeremonie im Brüsseler „Palais des Beaux-Arts" verkündete Degrelle erstmals öffentlich in einer flammenden Rede seine These von der blutsmäßigen Zugehörigkeit der Wallonen als „Germanen französischer Zunge" zur „großen germanischen Gemeinschaft": „Pour nous, Wallons, Germains de langue français, jaillis de la même race que nos frères du Nord et de l'Est [gemeint sind die Flamen und Niederländer, S.H.], ce grand rassemblement a des résonnances toutes spéciales. C'est le passé de notre peuple qui inconsciemment nous appelle. Nous rejoignons spécialement la grande communauté germanique, celle qui nous donna le sang originel."[220]

---

218 Ebd. Als Anlage ist dem Protokoll ein Telegramm mit dem Richtlinienentwurf des OKW beigelegt, auf den Frohwein höchstwahrscheinlich Bezug nimmt. Bemerkenswert ist, dass im Besprechungsprotokoll die „germanische" Herkunft der Wallonen kein explizit verhandeltes Auswahlkriterium darstellt. Zur Besprechung siehe auch Stein, George H., Geschichte der Waffen-SS, S. 137 und Leleu, Jean-Luc, La Waffen-SS, S. 71. Beide Autoren betonen das Primat der „germanischen Herkunft" als entscheidendes Kriterium für die Aufnahme in die Waffen-SS zum damaligen Zeitpunkt.
219 Berger an Himmler, Entwurf des Führererlasses über den Einsatz ausländischer Freiwilliger, 9.7.1941, BArch, NS 19/1871, Bl. 54.
220 Le Pays Réel, 9.8.1941, zit. n. Jonghe, Albert de, La lutte Himmler-Reeder pour la nomination d'un HSSPF à Bruxelles, Trosième partie, Évolution d'octobre 1942 à octobre 1943, in: Cahiers d'histoire de la Seconde Guerre Mondiale 5 (1978), S. 50 und Bruyne, Eddy de, La difficile naissance, S. 63f.

Wenngleich dieser Gedanke den Übertritt der Legion zur Waffen-SS im Jahre 1943 begründen sollte: Im Jahre 1941 wurde der Appell nicht erhört. Der rhetorische Vorstoß in Richtung einer „pangermanischen" Zusammengehörigkeit war in erster Linie als Replik auf die Gründung der „SS-Freiwilligen Legion ‚Flandern'" intendiert, die als Projekt des konkurrierenden „Vlaams Nationaal Verbond" im Oktober 1941 etwa 1 000 ausgebildete Soldaten umfasste.[221] Doch im Gegensatz zu den Spitzenfunktionären des VNV optierte der „Chef de Rex" als einziger Führer einer Kollaborationspartei für ein persönliches Engagement in den Reihen der Freiwilligenlegion.[222]

Am 4. August 1941 – kurz vor dem Abmarsch der wallonischen Legionäre ins Truppenübungslager Meseritz – hatte das Oberkommando des Heeres (OKH) die Aufstellung der Truppe als „Wallonisches Infanterie-Bataillon 373" beschlossen, so dass nach Maßgabe der Richtlinien zum „Einsatz ausländischer Freiwilliger im Kampf gegen die Sowjetunion" für die Soldaten die feldgrauen Wehrmachtsuniformen vorgesehen waren. Ungeachtet dessen hatte Degrelle seinen Anhängern das Tragen belgischer Militäruniformen in Aussicht gestellt. Als die Rekruten am 12. August 1941 im Ausbildungslager von Meseritz eintrafen, hatte der „Chef de Rex" Mühe, deren Enttäuschung aufzufangen und entschied sich stattdessen dafür, in erbaulichen Motivationsreden gegen die landeseigenen Uniformen zu agitieren: Nach Degrelles Dafürhalten waren sie aufgrund ihrer Ähnlichkeit mit den Uniformen der Roten Armee abzulehnen.[223] Nach der einmonatigen Ausbildungszeit und abschließenden Vereidigung auf Adolf Hitler für den „Kampf gegen den Bolschewismus" brach das aus vier Kompanien bestehende

---

[221] Wever, Bruno de, Military collaboration in Belgium, S. 157f. Siehe auch Wever, Bruno de, Oostfronters, Vlamingen in het vlaams legioen en de Waffen-SS, Lannoo 1985.

[222] In seinen Nachkriegsmemoiren behauptet Degrelle, die Beförderung zum Leutnant abgelehnt zu haben: „Ich war damals der einzige belgische Politiker, den Hitler persönlich kannte. Als er aus der Presse erfuhr, daß ich mich mit anderen Wallonen als einfacher Rekrut unserer gemeinsamen Sache zur Verfügung stellen wollte, schickte er mir ein Telegramm mit meiner Ernennung zum Leutnant. Das hat er auch mit wichtigen Flamen getan. Ich lehnte das ab." Degrelle, Léon, Denn der Hass stirbt, S. 127.

[223] Bruyne, Eddy de, La difficile naissance, S. 64.

„Wallonische Infanterie-Bataillon 373" mit einer Stärke von 19 Offizieren und 850 Unteroffiziers- und Mannschaftsdienstgraden am 16. Oktober 1941 zum Kampfeinsatz im Rahmen der 97. leichten Infanterie-Division auf.[224] Die landeseigenen Offiziere, unter ihnen ein katholischer Feldgeistlicher, kommandierten die Legion in französischer Sprache.[225]

Das erste Freiwilligenkontingent setzte sich zu 54 Prozent aus den Jahrgängen 1915 bis 1924 zusammen. Über die Hälfte der Legionäre war damit zwischen 17 und 26 Jahre alt. Rund 30 Prozent dieser Alterskohorte stellten die 17- bis 21-Jährigen. Die Mehrheit der Rekruten entstammte dem bürgerlich-urbanen Milieu mit einer starken Konzentration in den Städten Bruxelles, Mons, Charleroi und Namur. Charakteristisch für die Gesinnung der Söhne von Angestellten, Selbstständigen und Militärangehörigen war eine katholische und prononciert antikommunistische Haltung. Gut zwei Drittel der ersten Freiwilligen hatten die Oberschule besucht.[226]

Demgegenüber betonen ehemalige Legionäre die heterogene Zusammensetzung des ersten Freiwilligenverbandes. So heißt es in den Aussagen des ehemaligen Kriegsfreiwilligen Lemaire: „Il y avait des braves qui savaient à peine lire. Il y avait des instituteurs, il y avait des mauvais, il y avait tout. Il y avait beaucoup d'ouvriers, il y avait des employés et puis il y avait d'anciens officiers, des nobles."[227] Henri Philippet, ein damals 17-jähriger Freiwilliger des zweiten Kontingentes, das am 10. März 1942 Belgien verließ, erläuterte rückblickend seine Motivation:

---

[224] Die vollständige Eidesformel lautete: „Ich schwöre bei Gott diesen heiligen Eid, dass ich im Kampf gegen den Bolschewismus dem Obersten Befehlshaber der deutschen Wehrmacht, Adolf Hitler, unbedingten Gehorsam leisten und als tapferer Soldat bereit sein will, jederzeit für diesen Eid mein Leben einzusetzen." Besprechung über ausländische Kriegsfreiwillige im Auswärtigen Amt vom 7.7.41, 8.7.1941, BArch, NS 19/1871, Bl. 62 und Militärgeschichtliches Forschungsamt (Hg.), Das Deutsche Reich und der Zweite Weltkrieg, Bd. 4, Stuttgart 1983, S. 922.
[225] Wever, Bruno de, Military collaboration in Belgium, S. 160.
[226] Plisnier, Flore, Ils ont pris les armes pour Hitler, La collaboration armée en Belgique francophone, Bruxelles 2008, S. 92f. Die Autorin rekurriert auf die Studie von Vanderlinden, Jean-Marc, La réinsertion socio-professionnelle des anciens de la Légion Wallonie, Première approche, in: Cahiers/Bijdragen 14(1991), S. 203–268.
[227] Interview von Maurice de Wilde mit J. Lemaire, 16.8.1981, zit. n. Plisnier, Flore, Ils ont pris les armes pour Hitler, S. 91f.

„Auf der einen Seite meine sehr umfassende religiöse (katholische) Er-
ziehung und ein idealisierter Antikommunismus, der auf die Propaganda christlicher Kreise während des spanischen Bürgerkriegs zurückzuführen ist […]. Auf der anderen Seite, um Léon Degrelle zu folgen,
der für mich zum unbestrittenen Mythos des Chefs geworden war. Sicher wäre ich trotz meines romantischen Antikommunismus nicht zur
Front gegangen, wenn Degrelle sich nicht selbst gemeldet hätte.“[228]
Während mit 730 Mann des ersten Kontingentes die meisten Legionäre
Mitglieder der Rex-Partei waren, befanden sich unter ihnen auch Anhänger der konkurrierenden Organisationen „Amis du Grand Reich
Allemand“ (AGRA) und der antisemitischen „Ligue de la Défense du
Peuple“.[229] Innerhalb der Legion entbrannte im Laufe des Dezembers
1941 ein Machtkampf zwischen Degrelles Gefolgschaft und den Mit-
gliedern der radikal antiklerikalen, rassistischen und annexionistischen
„Ligue de la Défense du Peuple“ um den Lütticher Arzt Sylvère
Miesse.[230] Beide Fraktionen warfen sich eine fehlgeleitete Gesinnung
vor: Die „Ligue“ attestierte den Rexisten deutschfeindliche Ansichten
und im Sinne der national-belgischen Ambitionen Degrelles waren die
annexionistischen Ziele der Liga schlichtweg Landesverrat. Sogar die
Militärverwaltung erwähnte die internen Auseinandersetzungen der Legion in ihrem Tätigkeitsbericht: „Aus verschiedenen Feldpostbriefen
und Mitteilungen […] ergibt sich, dass innerhalb der wallonischen Legion gewisse Spannungen zwischen den Rexisten einerseits und […]
den Mitgliedern der antijüdischen „Ligue de la Défense du Peuple“ entstanden sind. Während die zahlenmässig eine kleine Minderheit darstel-
lenden Mitglieder der antijüdischen Liga Degrelle und den Rexisten
vorwerfen, sie würden […] den Nationalsozialismus verraten und unter
dem Deckmantel eines belgischen Faschismus eine gegenüber
Deutschland ablehnende Haltung grossziehen, betrachten auf der anderen Seite Degrelle und seine Anhänger die Mitglieder der Liga im

---

[228] Mitteilung von Herrn Henri Philippet, 24.8.1981, zit. n. Neulen, Hans Werner, An
deutscher Seite, S. 84.
[229] Zur AGRA siehe Kapitel VIII dieser Studie.
[230] Bruyne, Eddy de, Les Wallons meurent, S. 38ff.

belgischen Sinne als Verräter."[231] Der zuständige Divisionskommandeur Generalmajor Maximilian Fretter-Pico wurde gebeten, den Richtungsstreit im Bataillon zu schlichten und meldete dem Generalkommando des vorgesetzten Armeekorps den Konflikt zwischen Rexisten und „einer Art Nationalsozialisten".[232] Die Führung des IV. Armeekorps, die den Verband ohnehin als als „militärisch wertlos" beurteilte, reagierte mit einem Wechsel des Unterstellungsverhältnisses: Das „Wallonische Infanterie-Bataillon 373" wurde Ende Januar der 100. leichten Infanterie-Division zu Sicherungs- und Spähaufgaben zugeteilt, kurz nachdem sechs Offiziere und 50 Mannschafter wegen Unfähigkeit oder Krankheit entlassen worden waren. Damit endeten auch die internen Streitigkeiten der Truppe.[233]

Obwohl deutsche Offiziere die wallonische Legion im Dezember des Jahres 1941 noch als militärisch unzulänglich einstuften, bewährten sich die Kriegsfreiwilligen in den Kampfeinsätzen des Jahres 1942. Der Bericht des Panzer-AOK 1 vom Sommer 1942 verzeichnete für die Zeit vom November 1941 bis zum Juli 1942 hauptsächlich Sicherungs- und Spähaufträge im Raum Gromowaja Balka, Charkow und am Donez. Aber auch „besonders harte Abwehrkämpfe" Ende Februar 1942 bei Gromowaja Balka und Eroberungsaktionen finden Erwähnung: „Ort Gromowaja Balka dreimal im Gegenstoß genommen. Und dann gehalten." [234] Neben einer ehrenvollen Erwähnung der demonstrierten

[231] Der Militärbefehlshaber in Belgien und Nordfrankreich, Militärverwaltungschef, Übersicht über die Arbeitsleistung der einzelnen Gruppen der Militärverwaltung für die Zeit vom 1.12.1940 bis 15.3.1942, PA AA, R 101034, Bl. 468536.

[232] Militärgeschichtliches Forschungsamt (Hg.), Das Deutsche Reich und der Zweite Weltkrieg, Bd. 4, Stuttgart 1983, S. 923. Der Autor Jürgen Förster vermutet fälschlicherweise hinter dem Richtungsstreit einen Konflikt zwischen Rexisten und Angehörigen des flämischen „Verbond van Dietsche Nationaalsolidaristen" (Verdinaso). Er schreibt: „Über die in Konkurrenz zu Degrelles Partei stehende Gruppierung [in der Legion, S.H.] können nur Vermutungen angestellt werden. Haben sich vielleicht Angehörige des flämischen Verdinaso unter den Wallonen befunden?"

[233] Ebd.

[234] Oberkommando des Heeres an Militärbefehlshaber in Belgien und Nordfrankreich, 8.8.1942, BArch NS 19/1611, Bl. 2. Eine episch-romantisierende Darstellung der Kämpfe findet sich in Degrelle, Léon, Die verlorene Legion, Stuttgart 1952, S. 48–67. „So rückten wir in das Dorf Gromowaja-Balka ein, das unseren Legionären zum Schicksal werden sollte." Ebd., S. 48. Zur Diskursanalyse des Buches „Die verlorene Legion" siehe Carrard, Philippe, The French who fought for Hitler, Memories

Standhaftigkeit wurde im Bericht auch Kritik geübt: „Bataillon hat gezeigt, daß es zu kämpfen versteht. [...] Führung durch Offiziere und Uffz. [Unteroffiziere, S.H.] wesentlich besser geworden, entspricht jedoch noch nicht deutschen Begriffen und Forderungen. [...] Mangel an Können wird durch Idealismus und Schwung ausgeglichen."[235] Jener „Mangel an Können" schlug sich offenbar in den hohen Verlustzahlen nieder. Bis Anfang Juli 1942 registrierte der Bericht insgesamt 278 Ausfälle.

Im Zuge der Kämpfe im Raum Gromowaja Balka wurde Degrelle mit dem Eisernen Kreuz (EK) II. und I. Klasse ausgezeichnet. Bereits im August 1942 bekleidete Degrelle, der als einfacher Soldat an die Front gegangen war, im Range eines Leutnants den Posten des Bataillons-Adjutanten.[236] Seine rasche Beförderung, die Bewährung der Legion im Kampfeinsatz und die damit einhergehende ehrenvolle Erwähnung im Wehrmachtsbericht verfehlten ihre Wirkung nicht. Die Militärverwaltung in Belgien und Nordfrankreich verfügte zum April des Jahres 1942, die Ernährungssätze der Familienangehörigen der wallonischen Legionäre auf das Niveau der in Belgien wohnenden Reichsdeutschen anzuheben und sicherte im Falle widerspenstiger Reaktionen seitens der einheimischen Zivilverwaltung ihre administrative Unterstützung zu: „Sie [die Militärverwaltung, S.H.] ist gewillt, etwaige bei der belgischen Verwaltung entstehende Schwierigkeiten durch Einschaltung der Kommandanturen zu brechen, weil sie es nicht nur für eine Anstandspflicht, sondern auch für eine politische Notwendigkeit erachtet, denjenigen [sic!] von ihren Mitbürgern oft stark boykottierten Kreise, die aus Überzeugung gewillt sind, ihre Sache auf den deutschen Sieg zu stellen, zu

---

from the outcast, Cambridge 2010 und Littell, Jonathan, Das Trockene und das Feuchte, Berlin 2009.

[235] Oberkommando des Heeres an Militärbefehlshaber in Belgien und Nordfrankreich, 8.8.1942, BArch NS 19/1611, Bl. 2. Siehe auch die Memoiren des Kommandeurs der SS-Division „Wiking": „Am 25. Februar war die Legion ostwärts von Grischino im Verbande der 100. Jäger-Division eingesetzt und hat in wochenlangen Kämpfen Beweise ihres Mutes und ihres Kampfgeistes abgelegt, die dem belgischen Soldatentum zur hohen Ehre gereichen. [...] Aber die Legion hatte im Januar und Februar schon derart schwere Verluste erlitten, daß sie Anfang März aus ihren Stellungen abgelöst werden musste." Steiner, Felix, Die Freiwilligen, Idee und Opfergang, Göttingen 1958, S. 117f.

[236] Tabelle, BArch (BDC), SSO 139 Degrelle, Leon, 15.6.1906, Bl. 1513.

helfen und sie zu fördern, soweit es ihren und unseren Interessen dient."[237]

Damit nutzte die Militärverwaltung das neuerworbene militärische Prestige der Wallonen, um ihren innenpolitischen Kurs der „Ruhe und Ordnung" aufs Neue zu begründen. Zwar war der Militärverwaltungschef Reeder keineswegs an einem Erstarken des belgischen Nationalismus unter rexistischen Vorzeichen interessiert, doch um die innenpolitischen Spannungen zwischen Flamen und Wallonen zu minimieren, sollte keine der beiden „Volksgruppen" bevorzugt werden.[238] Reeder verfolgte explizit einen moderaten Kurs, der die Balance zwischen der kriegsbedingten Inanspruchnahme und der Beachtung nationaler Interessen Belgiens wahren sollte. So heißt es im Tätigkeitsbericht der Militärverwaltung: „Die heutige Notwendigkeit [...] aus Belgien für die Kriegsführung alles herauszuholen, darf allerdings nicht dazu führen, diesen Raum nur noch als willenloses Ausbeutungsobjekt zu betrachten [...]. Insofern hat die in diesem Raum verantwortliche deutsche Verwaltung nicht nur für den Krieg zu arbeiten, sondern [...] die nationalen Minderheiten zwar voll in den Dienst der Gegenwartsaufgaben zu stellen, aber nicht unnötig zu mißbrauchen."[239] Die Militärverwaltung meinte überdies, dank der militärischen Erfolge der Legion einen propagandistischen Positiv-Effekt beobachten zu können: „Mit der Bekanntgabe des erfolgreichen Einsatzes [...] der wallonischen Legion durch den Wehrmachtsbericht hat nicht nur den Verwandten- und Bekanntenkreis dieser Legion, sondern darüber hinaus auch andere für den Kampf gegen den Bolschewismus aufgeschlossenen Einwohner positiv beeinflusst. Die gleichzeitig gemeldeten Verluste werden in zunehmenden Umfange nicht mehr als Landsknechtstod, sondern als Opfereinsatz aus idealen Gründen gewertet."[240]

---

[237] Der Militärbefehlshaber in Belgien und Nordfrankreich, Militärverwaltungschef, Übersicht über die Arbeitsleistung der einzelnen Gruppen der Militärverwaltung für die Zeit vom 1.12.1940 bis 15.3.1942, PA AA, R 101034, Bl. 468709.

[238] Jonghe, Albert de, La lutte Himmler-Reeder pour la nomination d' un HSSPF à Bruxelles, Trosième partie, S. 52f.

[239] Tätigkeitsbericht der Militärverwaltung Nr. 21 für die Zeit vom 1.7. bis 1.9.1942, PA AA, R 101034, Bl. 406141.

[240] Ebd., Bl. 468708. Auch in der nachteiligen Behandlung der wallonischen Kriegsgefangenen versprach der Militärverwaltungschef Reeder Abhilfe: „Gerade die positiv eingestellten Wallonen fühlen sich [...] mit den Russen und Polen auf eine Stufe

Andererseits kam man nicht umhin, im weiteren Verlauf des Jahres 1942 ein Ansteigen der tödlichen Mordanschläge auf Rexisten zu beobachten: „Darüber hinaus sind jedoch im Laufe der letzten Monate 12 Attentate mit tödlichem Ausgang meistens gegen Anhänger der Rexistenpartei verübt worden. […] Man beabsichtigt mit diesen Attentaten, diejenigen Personenkreise, die bereit sind, loyal oder gar aktiv mit der Besatzungsmacht zusammenzuarbeiten, einzuschüchtern […]. So handelt es sich bei diesen Anschlägen keineswegs um eine interne Landesangelegenheit, sondern um eine politisch und moralisch bedingte Schutzfrage, deren [sic!] sich die Besatzungsmacht annehmen muss." Der Chef des SS-Hauptamtes Berger hingegen pflegte starke Vorbehalte, die Wallonen um den „belgizistisch" gesinnten „Chef de Rex" ob seiner soldatischen Erfolge zu hofieren. Offen trat Berger als der selbsternannte „ungekrönte Flamen-König"[241] für die flämische Kollaborationsorganisation „Deutsch-Vlämische Arbeitsgemeinschaft" (DeVlag) von Jef van de Wiele ein und ersuchte den Reichsführer-SS im Juli 1942, die Deutsche Botschaft in Belgien und den Reichsaußenminister darauf hinzuweisen, „den Tanz um Degrelle, wie er vom OKH veranlasst wird", nicht mitzumachen.[242] Er notierte empört: „Léon Degrelle wurde […] von allen Dienststellen des Reiches ausserordentlich gefördert und herausgehoben. Mit den Leistungen dieser Legion kann das gar nicht begründet werden. Das musste Léon Degrelle in den Kopf steigen, und er hält sich nun für den neuen grossen belgischen Führer […]."[243]

Im Sommer des Jahres 1942 nahm die „Légion Wallonie" als „ebenbürtiges" Bataillon an der großen Sommeroffensive der Heeresgruppe Süd teil, die sie bis zu den Erdölfeldern im Kaukasus führte. Nach Eroberungskämpfen im Raum Tuapse und Maikop wurde sie im Dezember

---

gestellt und stellen sich die Frage, warum denn eigentlich ihre Söhne und Brüder in der wallonischen Legion gegen den Bolschewismus kämpfen. Es ist zu hoffen, dass dem bereits seit Wochen gestellten Antrag des Militärbefehlshabers auf Gleichstellung der wallonischen mit den französischen Kriegsgefangenen stattgegeben wird." Ebd., Bl. 468709.

[241] Berger an Klumm, 26.31944, BArch, NS 19/27, Bl. 17.
[242] Berger an Himmler, 4.7.1942, BArch NS 19/1557, Bl. 18.
[243] Ebd.

1942 zwecks Auffrischung aus dem Verband der 97. Jäger-Division herausgelöst und auf Heimaturlaub geschickt.[244]

---

[244] Eine romantisierende Darstellung der Teilnahme an der deutschen Sommeroffensive des Jahres 1942 findet sich in Degrelle, Léon, Die verlorene Legion, Stuttgart 1952, S. 99ff. Ferner Degrelle, Léon, Denn der Hass stirbt, S. 34ff. Eine Aufzeichnung der wallonischen Kampfeinsätze im Zeitraum August bis Dezember 1942 liegt Degrelles SS-Führerpersonalakte bei, siehe BArch (BDC), SSO 139 Degrelle, Leon, 15.6.1906, Bl. 1514.

IX. Die „SS-Division Wallonie"

Anfang Mai 1942 unternahm ein Vertreter des Auswärtigen Amtes aus
Berlin – der Abgesandte von Geyr – eine mehrtägige Dienstreise ins
besetzte Belgien, um die Zusammenarbeit der Deutschen Botschaft mit
den Dienststellen der Militärverwaltung zu evaluieren. Im seinem Reisebericht an den Unterstaatssekretär im Auswärtigen Amt Martin Luther bewarb von Geyr ganz im Sinne der Militärverwaltung eine Politik
des Ausgleichs zwischen Flamen und Wallonen. Gerade die „Wehrfreu-
digkeit" der Wallonen, die sich in den hohen Rekrutierungszahlen für
die „Légion Wallonie" im August 1941 und März 1942 niedergeschla-
gen hätte, müsse Beachtung finden, um das Land innenpolitisch zu be-
frieden: „Von Seiten des Mi. Bef. [Militärbefehlshaber für Belgien und
Nordfrankreich, S.H] sieht man deshalb bei der nicht zu leugnenden
Einsatzbereitschaft der Wallonen mit Besorgnis die starke Bevorzugung der Flamen und die künstliche Vertiefung einer ursprünglich nicht
tiefen Kluft zwischen Flamen und Wallonen, da man dadurch eine un-
günstige Auswirkung auf die gesamt belgische Haltung und eine Beun-
ruhigung der Bevölkerung befürchtet."[245] Der Vertreter des Auswärtigen Amtes von Geyr bemühte sogar rassistische Kriterien, um die ge-
botene Gleichbehandlung der Wallonen zu unterstreichen: „Da es eine
Rassengrenze in Belgien nie gegeben hat, sind auch die rassischen Un-
terschiede zwischen Flamen und Wallonen viel geringer als man im allgemeinen in Deutschland annimmt. (Ich erinnere an das leider z. Zt.
vergriffene Buch von Prof. Dr. Petri: ‚Das Germanenerbe in Wallonien
und Nordfrankreich'). So waren bei der zunächst durch die Waffen-SS
erfolgten Musterung der wallonischen Legion nach Angaben des mus-
ternden Hauptsturmführers 25 % SS-tauglich, auch war die Wehrfreu-
digkeit im wallonischen Teil stärker ausgeprägt als im flämischen."[246]
Argumentativ schlug von Geyr mit diesem Winkelzug den Hauptsach-
walter einer „rassischen" Bevorzugung der Flamen – die Reichsführung-SS – mit ihren eigenen Waffen. So kam der Berichterstatter nicht
umhin, einen Disput zwischen dem Chef des SS-Hauptamtes Berger
und dem Gesandten der Dienststelle des Auswärtigen Amtes in Brüssel

---

[245] Reisebericht von Geyr, Mai 1942, PA AA, R 101032.
[246] Ebd.

von Bargen über die Arbeit der „Deutsch-Vlämischen Arbeitsgemeinschaft" (DeVlag) zu melden. Die Reichsführung-SS förderte massiv die im Jahre 1936 von dem flämischen Nationalsozialisten Jef van de Wiele gegründete Organisation, die vehement für den Anschluss Flanderns an das „Großgermanische Reich" eintrat: Im November des Jahres 1941 übernahm Gottlob Berger die Präsidentschaft der DeVlag.[247] Die Militärverwaltung und die Deutsche Botschaft in Brüssel kritisierten harsch die SS-Subventionen für die DeVlag, da sie überzeugt waren, auch unter den Flamen kaum Zuspruch für die annexionistischen Ideen der Organisation vorzufinden: „Die flämische Bevölkerung steht der Arbeit der DeVlag sehr misstrauisch gegenüber, da bei den Flamen von einer Anschlussidee an Grossdeutschland überhaupt nicht die Rede sein kann [...]".[248] Diese Einschätzung stand konträr zur Politik der Reichsführung-SS, und so kam es in der Anwesenheit des Abgesandten von Geyrs zu einem Streitgespräch zwischen Berger und von Bargen: „SS-Gruppenführer Berger vertrat Herrn Ges. von Bargen [Gesandter, S.H.] gegenüber die Auffassung, 40% der flämischen Bevölkerung sei [sic!] für den Anschlussgedanken. Herr von Bargen klärte Herrn Berger darüber auf, dass diese Auffassung absolut irrig sei, man könne höchstens von 5% sprechen."[249]

Der Reisebericht offenbarte nicht nur die politischen Differenzen zwischen den deutschen Stellen. Er zeigte darüber hinaus, dass Degrelles These von den „Germanen französischer Sprache", die er bei der Verabschiedung der wallonischen Legion im August des Jahres 1941 zum ersten Mal öffentlich geäußert hatte, nicht im luftleeren Raum aufgestellt wurde, sondern früh ihre Resonanz im Diskurs der beteiligten deutschen Stellen fand. Von Geyr verwies auf die Habilitationsschrift des deutschen Historikers und „Westforschers" Franz Petri, der Ende

---

[247] Zwischen dem auf Eigenstaatlichkeit bedachten VNV, der für den Zusammenschluss zwischen den Niederlanden und Flandern im Rahmen eines „Groß-Dietschland" eintrat, und der DeVlag, die den Anschluss an das „Großgermanische Reich" proklamierte, schwelte seit 1940 ein Dauerkonflikt. Siehe Neulen, Hans Werner, An deutscher Seite, S. 67f. und Neulen, Hans Werner, Eurofaschismus und der Zweite Weltkrieg, Europas verratene Söhne, München 1980, S. 75.
[248] Reisebericht von Geyr, Mai 1942, PA AA, R 101032.
[249] Ebd.

der dreißiger Jahre anhand von sprachgeschichtlichem Material (Orts-namen) und archäologischen Funden (Reihengräber) eine „germanische" Besiedlung Frankreichs bis zur Loire rassenanthropologisch begründen wollte.[250] Im wissenschaftlichen Diskurs dieser Zeit waren derartige Untersuchungen keine Seltenheit. Auch „Rasseforscher" wie Hans F. K. Günther kamen mittels Schädeluntersuchungen aus Reihengräbern zu dem Schluss, dass die Niederlande und Belgien zur Zeit der Fränkischen Landnahme „nordrassisch" besiedelt waren.[251] Doch erst

---

[250] Allerdings war nach Petri nicht ganz Wallonien vom „nordischen Typus" besiedelt. In seiner Habilitationsschrift heißt es dazu: „Die Zusammenfassung der verschiedenen Rassenbilder [...] liefert ein höchst merkwürdiges Ergebnis: Genau diejenigen Gebiete, die sich uns auf Grund der Kombinierung von Namensforschung und frühmittelalterlicher Archäologie als Hauptverbreitungsgebiete der fränkischen Landnahme herauskristallisiert haben, erscheinen auf der Rassenkarte als südwestlichstes Verbreitungsgebiet des nordischen Typus. [...] Von dem Reliktgebiet in den Ardennen [d.h. Wallonien, S.H.] abgesehen, hebt sich das ganze Frankenreich Chlodwigs auch rassisch als eine Einheit heraus. Untere Seine und das Loireknie bei Orléans erscheinen als nordische Rassegrenze." Petri, Franz, Germanisches Volkserbe in Wallonien und Frankreich, Die fränkische Landnahme in Frankreich und den Niederlanden und die Bildung der westlichen Sprachgrenze, Bd. 2, Bonn 1937, S. 854ff. Vgl. Schöttler, Peter, Die historische „Westforschung" zwischen „Abwehrkampf" und territorialer Offensive, in: Geschichtsschreibung als Legitimationswissenschaft 1918–1945, hrsg. v. Peter Schöttler, Frankfurt am Main 1997, S. 216f. Franz Petri hatte für die Jahre 1942/43 die Herausgabe eines Sammelbandes zur Geschichte und Kultur der Wallonie angekündigt, der die Region als „Grenzland" sowie kulturelle Übergangszone zwischen West- und Mitteleuropa beleuchten sollte. Der Sammelband wurde nie fertiggestellt. Siehe Grunert, Robert, Der Europagedanke, S. 202 und Beyen, Marnix, Eine lateinische Vorhut mit germanischen Zügen, Wallonische und deutsche Gelehrte über die germanische Komponente in der wallonischen Geschichte und Kultur, in: Dietz, Burkhard u.a. (Hg.), Griff nach dem Westen, Die „Westforschung" der völkisch-nationalen Wissenschaften zum nordwesteuropäischen Raum (1919–1960), Bd. 1, S. 375ff.

[251] Hans F. K. Günther schreibt: „Die Franken der Niederlande und Belgiens erscheinen nach Reihengräberfunden überwiegend nordrassisch in den Zeiten ihrer Einwanderung und Ansiedlung; später werden sie durch Kreuzung mit den Einheimischen mittelschädlig (mesokran). Die fränkischen Eroberer waren [...] in Belgien wie in Frankreich hochgewachsen, überwiegend langköpfig [...]. Die Gräber in Brabant haben einen durchschnittlichen Längen-Breiten-Index von 76,8 ergeben, [...] die um Namur einen Index von 76,7. Für alle diese Schädel ist das stark ausladende Hinterhaupt kennzeichnend." Günther, Hans F. K., Herkunft und Rassengeschichte der Germanen, München 1935. S. 92f.

nach dem „Krisenwinter" 1942/43, als sich mit der deutschen Niederlage in der Schlacht von Stalingrad die Kriegswende an der Ostfront abzeichnete und im Folgenden die letzten deutschen Gegenoffensiven scheiterten, konnte sich der politisch-instrumentelle Gebrauch einer fiktiven Rassentheorie voll entfalten. In der Rückschau beschrieb Degrelle seine Ambitionen, die „Légion Wallonie" in die Waffen-SS zu überführen, als Selbstbehauptungsstrategie gegenüber den hegemonialen Bestrebungen des Deutschen Reiches. Seinen Memoiren zufolge offenbarte ihm der Chef des SS-Hauptamtes Gottlob Berger Ende 1942 die vermeintlich imperialen Anschlusspläne: „Mir sträubten sich die Haare, als sie [die Vertreter des SS-Hauptamtes, S.H.] mir die Annexionspläne für Belgien in allen Einzelheiten auseinandersetzten. [...] Das konnte, das durfte nicht wahr sein. Hatten wir dafür an der Ostfront unsere Haut zu Markte getragen?"[252] Die Rede von der „germanischen" Herkunft der Wallonen sei demnach der Schlüssel zur Beeinflussung der deutschen Stelle gewesen: „Damals, zur Jahreswende 1942/43, als ich meinen Gegenangriff auf den veralteten großdeutschen Imperialismus einleitete, war der Begriff ‚germanisch' eine Art Zauberwort geworden. Ihn wollte ich durch die Wiederbelebung erwiesener historischer Wahrheiten für unsere wallonische Sache ausnutzen, die mir durch die Borniertheit gewisser Kreise innerhalb der SS gefährdet schienen."[253]

---

[252] Degrelle, Léon, Denn der Hass stirbt, S. 56.

[253] Ebd., S. 58. Ob patriotische Überlegungen Degrelles zur Rettung der nationalen Eigenstaatlichkeit Belgiens den Ausschlag gaben oder der „Chef de Rex" mit dieser opportunistischen Wende einen persönlichen politischen Vorteil erzielen wollte, lässt sich aus den Quellen nur schwer erschließen. Der Historiker Martin Conway ist der Ansicht, dass Degrelle sich mit den Anschlussplänen bereits abgefunden hatte und letztendlich mit dem Kurswechsel in Richtung Waffen-SS politisch auf der Gewinnerseite stehen wollte: „In reality Degrelle's change of direction owed less to any concern for the national interest than to his own overweening ambition." Conway, Martin, Collaboration in Belgium S. 172. Vgl. Grunert, Robert, Der Europagedanke, S. 196f. Die zeitgenössische Einschätzung Werner von Bargens vertritt dieselbe Position: „Diese Sachlage [die tödlichen Attentate auf Rexisten, S. H.], wie auch die Aussichtslosigkeit, die Bewegung aus eigener Kraft wieder zu beleben, dürfte Degrelle erkannt haben. Dementsprechend scheint er sich entschlossen zu haben, die einzige Karte zu spielen, die ihm noch bleibt, nämlich die deutsche Hilfe in ihrer mächtigsten Form (SS) in Anspruch zu nehmen, und mit dieser eine Zukunftslösung zu suchen,

Den Winter 1942/43 verbrachten die wallonischen Legionäre zur Erholung in der Heimat. Bei den vorangegangenen Kämpfen des Jahres 1942 im Kaukasus war die „Légion Wallonie" für einige Wochen dem Kommando des SS-Obergruppenführers Felix Steiner unterstellt, der die aus Skandinaviern, Niederländern und Flamen aufgestellte SS-Division „Wiking" befehligte. Degrelle zeigte sich stark beeindruckt von der materiellen Ausstattung und ideologischen Ausrichtung der „Wiking".[254] Umgekehrt zollte der SS-Obergruppenführer Steiner dem Elan der „Légion Wallonie" seinen Respekt und bat im September 1942 in einem Schreiben an die Reichsführung-SS um die Überstellung der Legion zur „SS-Division ‚Wiking'".[255] Anfang Januar übernahm Degrelle die Initiative und trat an den deutschen Beauftragten für die flämische SS, den SS-Brigadeführer Richard Jungclaus heran, um die Gründung einer „Wallonischen SS" – d.h. Allgemeinen-SS – zu erwirken. Der Chef des SS-Hauptamtes Berger wandte sich umgehend an Heinrich Himmler, da ihm die Anfrage verfrüht erschien: „Ich bitte um Entscheidung, ob heute schon an diese Frage herangetreten werden darf oder ob wir Degrelle zum Frühjahr oder Sommer 1943 vertrösten sollen."[256]

Himmler ließ das Schreiben zunächst unbeantwortet. Erst nachdem Degrelle am 17. Januar 1943 anlässlich der Rückkehr der Legionäre an die Front auf einer Großkundgebung im Brüsseler Sportpalast seine These der „germanischen Zugehörigkeit" der Wallonen medienwirksam bekräftigte, reagierte Himmler auf die Anfrage Bergers: „Über Ihren Brief wegen Gründung einer wallonischen SS habe ich lange nachgedacht. Zugleich übersende ich Ihnen den Text der Rede, den der kluge De Grelle [sic!] gehalten hat. Es ist doch hoch interessant [sic!],

---

die jedenfalls seinen eigenen politischen Ehrgeiz befriedigen und ihm eine Machtstellung verschaffen würde." Bargen an Weizsäcker, 15.1.1943, PA AA, R 29858, Bl. 70586f.

[254] Bargen an Weizsäcker, 15.1.1943, PA AA, R 29858, Bl. 70584.

[255] „In der Überzeugung, daß die beste Garantie für eine belgische Zukunft in der militärischen Leistung wallonischer Soldaten liege, widmete er [Degrelle, S.H.] sich der soldatischen Aufgabe mit großem Ernst und verstand es, seine Landsleute mit glühendem Pathos in ihrer soldatischen Ehre zu packen und sie zu großen militärischen Leistungen anzufeuern." Steiner, Felix, Die Freiwilligen, S. 119 und Conway, Martin, Collaboration in Belgium, S. 171.

[256] Berger an Himmler, 5.1.1943, Barch NS 19/1541, Bl. 47.

daß sich die Wallonen nun plötzlich besinnen, Germanen zu sein."[257]
Zur Gründung einer „Wallonischen-SS" äußerte sich Himmler zurück-
haltend, da er befürchtete, die bereits in der SS organisierten Flamen
zu düpieren.[258] Doch Degrelles programmatische Rede vom 17. Januar
1943 schlug hohe Wellen. Obwohl der „Chef de Rex" bereits im August 1941 die Wallonen zu „Germanen französischer Sprache" erklärt
hatte, konnte er sich erst unter den veränderten Kriegsbedingungen des
Jahres 1943 Gehör verschaffen.[259] In gleicher Weise modifizierte er den
„Großburgund-Gedanken" als freiwillige Rückkehr in die „germanische Gemeinschaft": „Unser kleines Vaterland ist der Westen, aber unser großes Vaterland ist die germanische Gemeinschaft, in welcher unsere Kameraden gestorben sind. Wir werden niemals mehr die glorrei-
che Uniform, die wir tragen, vergessen. Ein deutscher Soldat ist für uns
ewig ein Kamerad und Bruder. Wir sind von seiner Rasse [...]. Im Her-
zen des wiedererstandenen Reiches werden wir würdig in unserem
westlichen Abschnitt arbeiten."[260]
Der Reichsführer-SS verfolgte den politischen Umschwung des „Chef
de Rex" von nun an aufmerksam, und obgleich er nur Einwände gegen
die Protektion Degrelles seitens der SS vorbringen konnte, empfahl
Himmler in einem Schreiben an den Chef des SS-Hauptamtes Gottlob
Berger, Degrelle prinzipiell in seinem Anliegen zu bestärken. Ein skep-
tischer Reichsführer-SS gab dem Chef des SS-Hauptamtes Anfang
Februar 1943 die Anweisung, den Fall Degrelle dilatorisch zu behandeln: „Wenn auch zu berücksichtigen ist, daß Degrelles [sic!] bisher
schon viele Wandlungen durchgemacht hat und weiterhin zu berücksichtigen ist, daß [...] wir vielleicht bei einem falschen Anfassen unse-
rerseits diese geringe Anhängerschaft [Degrelles, S.H.] gewinnen können, damit aber einer großen flämischen Anhängerschaft vor den Kopf
stoßen und verlieren können, so hielte ich es doch für angebracht, daß
Degrelles [sic!] in seinen germanischen Gedankengängen unterstützt

---

257 Himmler an Berger, 20.1.1943, BArch NS 19/1541, Bl. 49.

258 Ebd., Bl. 50.

259 Zum Kontext siehe Kapitel IV dieser Studie.

260 Degrelles Rede vom 17.1.1943, abgedruckt in: Zeitschrift für Politik, hrsg. v. Deutschen Auslandswissenschaftlichen Institut, 33 (1943) 3, S. 201. Zur Rede vom
17.1.1943 siehe auch: Grunert, Robert, Der Europagedanke, S.195f.

wird, sodaß wir weiterhin prüfen können, ob es ihm mit seinen Erkenntnissen ernst ist."[261]

Demgegenüber reagierte der Militärverwaltungschef Eggert Reeder bereits Ende Januar recht ungehalten mit einer neunseitigen Denkschrift an das OKH auf Degrelles „Germanenrede". Er ermahnte die beteiligten deutschen Stellen, sich wegen ihres fehlenden innenpolitischen Überblicks mit einer Bevorzugung Degrelles nicht in die besatzungspolitischen Angelegenheiten der Militärverwaltung einzumischen. Zwar seien die militärischen Leistungen Degrelles unbedingt zu würdigen, aber dies legitimiere nicht, ihn als Rexistenführer in innenpolitischen Belangen zu fördern: „Für die Militärverwaltung muß ein Grundsatz eindeutig herausgestellt werden: Als Offizier der wallonischen Legion muß Leon [sic!] Degrelle jede Anerkennung und Förderung, die denkbar ist, gewährt werden. Als Führer der Rexbewegung dagegen kann ihm nur insoweit Unterstützung gegeben werden, als andere gegenwartswichtige Interessen nicht gefährdet werden."[262]

Kurzum, die Militärverwaltung sah sich in ihrer Politik der „Ruhe und Ordnung" empfindlich gestört. Reeder notierte: „Die schweren Entscheidungen, vor die sich die Militärverwaltung zur Zeit täglich in wachsendem Maße gestellt ist, [...] machen es notwendig, daß gerade jetzt der bewährte politische Kurs ruhig und ohne sprunghaften Wechsel gesteuert wird. [...] Deshalb ist es nicht vertretbar, wenn einzelne reichsdeutsche Stellen, die unmöglich diesen Gesamtüberblick besitzen können, auch keinerlei unmittelbare Verantwortung zu tragen haben, durch Abreden mit einzelnen Vertretern der hiesigen politischen Gruppen, in diesem Falle mit dem Führer der Rexbewegung, Leon [sic!] Degrelle, störenden Einfluß auf die politische Entwicklung im hiesigen Amtsbereich nehmen."[263] Auch der Vertreter der Auswärtigen Amtes

[261] Reichsführer-SS an den Chef des SS-Hauptamtes, 8.2.1941, BArch NS 19/3150, Bl. 13.

[262] Der Militärverwaltungschef in Belgien und Nordfrankreich, Militärverwaltungschef an das Oberkommando des Heeres, Leon Degrelle und seine neue politische Aktivität, 26.1.1943, PA AA, R 101185.

[263] Ebd. Eine ähnlich gelagerte Denkschrift des Militärverwaltungschefs erreichte das Reichsministerium für Volksaufklärung und Propaganda, siehe Eggert an Scheffer, 9.2.1943, PA AA, R 101185.

in Brüssel, von Bargen, sah sich zur Intervention gezwungen und formulierte in ähnlichem Duktus wenige Tage später ein Memorandum an seinen Dienstherrn in Berlin. Von Bargen, der die Entwicklung Degrelles aufmerksam beobachtete und ihn „auf dem besten Wege" sah, „ein richtiger SS-Mann zu werden"[264], hob gleichermaßen seine Verdienste innerhalb der Legion hervor. Doch empfahl er expressis verbis, von „politischen Experimenten" mit Degrelle Abstand zu nehmen. Auch hier dominierte die Einschätzung Degrelles als innenpolitischer Unruhestifter und unsicherer Kantonist.[265] Reeders und von Bargens alarmierende Worte erzielten jedoch nicht den erwünschten Effekt. Bezugnehmend auf von Bargens Telegramm verfügte Hitler Ende Januar 1943 den „Chef de Rex" „mit allen Mitteln" zu unterstützen, da er „der einzige wirklich brauchbare Belgier" sei.[266] Umgehend beauftragte der Reichsaußenminister von Ribbentrop den Gesandten von Bargen, „die gute Verbindung mit Degrelle" aufrecht zu erhalten.[267] Unter den Vorzeichen der Direktive Hitlers bekam Degrelles Wunsch nach Aufnahme in die SS eine neue Dringlichkeit. Es war Gottlob Berger, der im Februar 1943 bei Himmler die Einreihung der Wallonen in einen SS-Verband anregte: „Nachdem, wie das Auswärtige Amt mir mitteilt, der Führer die Unterstützung von Degrelle befohlen hat, dürfte eine Übernahme der Wallonischen Legion zu erörtern sein. Zudem dürfte die

---

[264] Bargen an Weizsäcker, 15.1.1943, PA AA, R 29858, Bl. 70585.

[265] „Degrelle hat sich um die Aufstellung wallonischer Legion sehr verdient gemacht und als Offizier hervorragend bewährt. Sein weiteres Wirken in diesem Rahmen könnte uns vorteilhaft sein und noch einige hundert Legionäre zuführen. Insofern besteht deutsches Interesse an seinem Einsatz. Politisch kann uns Degrelle in Belgien dagegen wenig Positives bringen, wohl aber schon bestehende Schwierigkeiten noch erheblich vermehren. Seine Schwenkung zum germanischen Reichsgedanken hat schon jetzt unter seinen Anhängern ziemliche Verwirrung hervorgerufen [...]. Angesichts großer Gegenwartsaufgaben, die im Interesse deutscher Kriegsführung in Belgien zu erfüllen und die durchaus Erhaltung von Ruhe und Ordnung erfordern, derartige Entwicklung unerwünscht [...]." Telegramm von Bargen, 28.1.1943, PA AA, R 101185.

[266] Notiz für den Reichsaußenminister, 31.1.1943, PA AA, R 101185.

[267] Sonnleithner an von Weizsäcker, 1.2.1943, PA AA, R 101185.

Aufstellung eines französischen SS-Regimentes auch die Einbeziehung der Wallonen in einen Verband der Waffen-SS rechtfertigen."[268]

Degrelle hatte zur gleichen Zeit, als die Gründung einer wallonischen Allgemeinen-SS im Sande verlaufen war, den Willen bekundet, mit der Legion in die Waffen-SS zu wechseln. In der Argumentation des „Chef de Rex" hegten die wallonischen Frontkämpfer der Gegenwart den Wunsch, in Zukunft als „politische Soldaten des Führers" unter den „Germanen französischer Sprache" zu agieren: „Il est possible que la Légion devienne prochainement SS-Légion. Ce serait normal. Les légionnaires wallons, tous Rexistes, sont non seulement des soldats du front aujourd'hui, mais voulant être, après la guerre, les soldats politiques du Führer [im Original unterstrichen, S. H.] parmi les Germains de langue Française."[269] Schließlich hatte sich auch für Himmler im Laufe des März 1943 die Frage geklärt, inwieweit es Degrelle mit seinem „Germanenbekenntnis" erst meinte, oder ob der „Chef de Rex" nur eine taktische Kehrtwende vollzogen hatte. In einem Schreiben an den Chef der Reichskanzlei Hans Heinrich Lammers zeigte er sich überzeugt, dass Degrelle aufgrund des gemeinsamen Fronterlebnisses mit anderen germanischen Freiwilligen der SS-Division „Wiking" einen inneren Wandel durchlaufen haben müsse. Degrelle habe aus persönlicher Überzeugung erkannt, „dass das französischsprachige Wallonentum zum volksbewußten Germanentum zurückgeführt werden muß."[270] Parallel initiierte der Reichsführer-SS ein Forschungsprojekt zur „germanischen" Abstammung der Wallonen, so dass der Leiter der eingesetzten Expertengruppe – der SS-Hauptsturmführer Sommer – bereits im Juni des Jahres 1943 ermittelt hatte, dass Wallonien im Kern „germanisch" sei, und die Wallonen als „Nachkommen der alten Franken mit annähernd 80% nordisch-fälischen Blutsanteil sogar über dem Reichsdurchschnitt" lägen.[271]

---

[268] Die Argumentation verzichtet auf weitergehende „rassische" Gründe. Berger an Himmler, 10.2.1943, Centre d'Études et de Documentation Guerre et Sociétés Contemporaines (CEGES) AA 535/V/2, zit. n. Grunert, Robert, Der Europagedanke, S. 203.

[269] Positionspapier von Degrelle, 11.2.1943, PA AA R 101185.

[270] Himmler an Lammers, 25.3.1943, CEGES AA 166/124a/7, zit n. Grunert, Robert, Der Europagedanke, S. 203.

[271] Niederschrift über die Sitzung der Deutsch-Wallonischen Arbeitsgemeinschaft am 9.6.1943, 12.6.1943, PA AA, R 101032. Dr. Sommers Forschungsergebnisse wurden

Während Hitlers Maxime von Degrelle als dem „einzigen wirklich brauchbaren Belgier" der wallonischen Legion den Weg zur Waffen-SS geebnet hatte und der ideologische Überbau mit aller Macht auf eine Übernahme derselben gepolt wurde, überschattete im März und April 1943 eine Ehrenstreitigkeit die Verhandlungen über den Transfer: Degrelles Ehefrau Marie hatte sich während des Frontaufenthaltes ihres Mannes auf eine Liebesbeziehung mit einem Sonderoffizier der deutschen Luftwaffe eingelassen. Da sie von ihm ein Kind erwartete, das Degrelle nicht anerkennen wollte, schlug die Affäre höhere Wellen. Der deutsche Offizier strebte an, „den Ehrenhändel auszutragen", doch Degrelle verweigerte sich zunächst einem Zweikampf mit dem Verweis auf ein von Hitler verfügtes Duellverbot.[272] Der betrogene Ehemann wandte sich an die Reichsführung-SS, um Rückendeckung für einen Genugtuungszweikampf zu erhalten oder – falls dies nicht möglich sei – eine „empfindliche Bestrafung" des Sonderführers zu erwirken. Der Chef des SS-Hauptamtes Berger nahm sich unverzüglich des Falles an und erbat eine Positionierung Himmlers: „Ich […] bringe

---

rasch allgemeine Richtlinien im nationalsozialistischen Machtapparat. So heißt es bspw. in einem Schreiben des Volkspolitischen Amtes der Deutschen Arbeitsfront (DAF): „Die Wallonen sind jetzt als ein kerngermanisches Volk anzusprechen. Wissenschaftliche Erforschungen der Jetztzeit haben ergeben, daß die Wallonen ebenso bis zu 80% germanischen Blutes sind wie die Flamen." Siehe Hitlers Lagebesprechungen, Die Protokollfragmente seiner militärischen Konferenzen 1942–1945, hrsg. von Helmut Heiber, Stuttgart 1962, S. 507. Der „Westforscher" und Wallonienexperte Franz Petri nahm die Forschungsaktivitäten der Reichsführung-SS ebenso wahr und ging mit den erwarteten Ergebnissen konform: „Die wissenschaftliche Aussprache über diese Dinge ist noch längst nicht abgeschlossen. Daß jedoch die wallonische und nordfranzösische Bevölkerung eine viel bedeutendere germanische Komponente besitzen, als bisher angenommen wurde, wird man heute schon als gesichertes volkswissenschaftliches Ergebnis betrachten dürfen. Es findet seine Bestätigung durch die rassenbiologischen Aufnahmen, die zur Zeit [im Laufe des Jahres 1943, S.H.] auf Anregung des Reichsführers-SS in Wallonien durchgeführt werden." Petri, Franz, Um die Herkunft der Wallonen, in: Westland, Blätter für Landschaft, Geschichte und Kultur an Rhein, Mosel, Maas und Schelde, hrsg. v. Reichskommissar für die besetzten niederländischen Gebiete, Reichsminister Dr. Seyss-Inquart, 1 (1943), S. 61, auch abgedruckt in: Derks, Hans, Deutsche Westforschung, Ideologie und Praxis im 20. Jahrhundert, Leipzig 2001, S. 267–269. Hier zit. n. Derks, Deutsche Westforschung, S. 268f.

[272] Jungclaus, Vermerk für den Gruppenführer, 25.3.1943, BArch NS 19/3150, Bl. 8.

die Sache jetzt schon an den Reichsführer-SS heran, weil bei der Besprechung sicher Degrelle auf die Angelegenheit kommt und Reichsführer [sic!] als den Mann, dem er sich politisch unterstellt fühlt bittet, ihm zu helfen."[273] So setzte Degrelle schon vor der Übernahme der Legion in privaten Dingen auf die Machtinstanz SS, die sich wie selbstverständlich dem Problem ihres zukünftigen Schützlings annahm. Kurze Zeit später meldete Berger an Himmler, dass sich der Sonderführer in Brüssel erschossen hatte und das Problem damit erledigt sei.[274]

Am 23./24. Mai 1943 kam es schließlich im Truppenübungslager bei Meseritz zum geplanten Treffen zwischen dem Reichsführer-SS und Léon Degrelle, bei dem die Modalitäten einer Überführung der wallonischen Legion zur Waffen-SS besprochen wurden. In einem geheimen Kommuniqué fixierte Degrelle für die Reichsführung-SS sein verheißenes Ziel, die „Wallonen (Germanen französischer Sprache) in die germanische Gemeinschaft und ins Reich" zurückzuführen.[275] Weit davon entfernt, sich für einen unverzüglichen Anschluss der „Germania Inferior" an das Reich auszusprechen, setzte Degrelle für das Projekt eine Zeitspanne von „25 oder 50 Jahren" an und forderte ein, dass „der immer stärkere Wunsch für die totale Rückkehr zum Reich[...] spontan von der wallonischen und flämischen Bevölkerung" ausgehen müsse.[276] Das Positionspapier vermied Äußerungen über einen konkreten Fahrplan zur politischen Neuordnung, und auch der Reichsführer-SS verlegte eine mit „weicher Hand vorzunehmende Eingliederung" Belgiens

---

[273] Berger an Himmler, 15.4.1943, BArch NS 19/1555, Bl. 1.
[274] Berger an Himmler, 18.4.1943, BArch NS 19/1555, Bl. 5. Über die Umstände des Selbstmordes schweigen die Quellen. Da Degrelle den Krieg überlebte, archivierte die Hauptabteilung IX/11 („Aufklärung von Nazi- und Kriegsverbrechen") des Ministeriums für Staatssicherheit (MfS) der Deutschen Demokratischen Republik (DDR) bei ihrer Suche nach Belastungsmaterial abfotografierte Kopien der zitierten Korrespondenzen. Der zuständige Bearbeiter war sich ohne weiteres Beweismaterial sicher, dass es sich um einen Auftragsmord am Sonderführer der Luftwaffe handelte. Er bemerkte handschriftlich am Rande der Kopien: „Sonderführer [...] aus Wien ,verführte' Ehefrau Degrelles und beging ,Selbstmord' (wurde ermordet)" BStU, MfS, HA IX/11, PA 2445, Bl. 25ff.
[275] Übersetzung der Aufzeichnung von Herrn Degrelle, 24.5.1943, BArch (BDC), SSO 139 Degrelle, Leon, 15.6.1906, Bl. 1542.
[276] Ebd, Bl. 1544.

auf unbestimmte Zeit.[277] Allerdings lieferte Himmler anlässlich der Übernahme der Legion eine nachträgliche Begründung, warum die Wallonen im Sommer des Jahres 1941 nicht in die Reihen der Waffen-SS überführt worden waren. Demnach hätten die Germanisierungsabsichten des Reichsführers-SS Degrelle nur innenpolitische Nachteile eingehandelt: „Ich habe mich die ganzen vergangenen Jahre gehütet, als der ‚pangermanisch‘ abgestempelte und auch innerlich so eingestellte Reichsleiter der NSDAP mit Degrelle und seiner Partei Fühlung aufzunehmen. Ich hätte dem Mann in seiner Bewegung, die damals noch nicht so weit war, lediglich geschadet. Ich habe deswegen im Jahre 1941 bei der Aufstellung der Legion die Übernahme in die Waffen-SS abgelehnt."[278]

Am 24. Mai 1943 verfügte Himmler zum 1. Juni 1943 die Übernahme von rund 1 600 wallonischen Legionären in die Reihen der Waffen-SS und projektierte einen zukünftigen Ausbau der „SS-Freiwilligen-Brigade-Wallonien" zu einer „SS-Freiwilligen-Gebirgs-Division". Das Kommando über die Brigade übernahm der bisherige belgische Kommandeur der Legion, Hauptmann Lucien Lippert. Die Uniformen erhielten schließlich anstelle der Wehrmachtsspiegel die Rangabzeichen der SS, wobei der rechte Kragenspiegel das Burgunderkreuz zeigen sollte.

Himmler beabsichtigte, die zukünftige „Sturmbrigade Wallonien" mit der aus sogenannten „Volksdeutschen" zusammengesetzten „SS-Kavallerie-Division ‚Florian Geyer'"zur Partisanenbekämpfung am Dnjepr einzusetzen.[279] Gleichzeitig sollte noch vor dem ersten Einsatz eine „rassische Auslese" innerhalb der Sturmbrigade vorgenommen werden, um „germanischen" Nachwuchs für die SS-Führerschule in Bad Tölz zu rekrutieren. Himmler notierte: „Ich habe persönlich bei

---

[277] Niederschrift über die Übernahme der Wallonischen Legion, 24.5.1943, BArch NS 19/27, Bl. 3.

[278] Ebd., Bl. 2. Da die „germanische" Abstammung der Wallonen erwiesen war, hätte eine Ablehnung aus „rassischen" Gründen keinen Sinn ergeben. In seinen Nachkriegsmemoiren legt Degrelle nahe, dass ihm Himmler seinen Neutralitätskurs bei Kriegsbeginn verübelt hätte und deswegen gegen eine Aufnahme der Wallonen in die SS optiert hätte. Vgl. Degrelle, Léon, Denn der Hass stirbt, S. 66ff.

[279] Niederschrift über die Übernahme der Wallonischen Legion, 24.5.1943, BArch NS 19/27, Bl. 4f.

meinem Besuch in Meseritz eine nicht unerhebliche Zahl rassisch ausgezeichnet aussehender Männer gesehen, die [...] sich voraussichtlich
für eine Weiterausbildung zu SS-Führern eignen werden. [...] Sie kommen wie die anderen germanischen Junker auf die Junkerschule Tölz.
Selbstverständlich ist für die Junker die Kenntnis der deutschen Sprache notwendig."[280] Im Gegensatz dazu war die Sprache der Unterfüh-
rerlehrgänge und bemerkenswerterweise auch die Kommandosprache
der wallonischen SS-Sturmbrigade Französisch.[281] Entgegen den übli-
chen SS-Leitlinien verblieb sogar der katholische Feldgeistliche in der
Einheit. Himmler hatte zwar bereits am 11. Dezember 1941 einen allgemeinen Befehl erlassen, der die Beschäftigung von Militärgeistlichen
in den Freiwilligenverbänden untersagte, doch im Falle der Wallonen
genehmigte er „ausdrücklich", dass „der katholische Truppengeistliche
bei der Truppe verbleibt."[282] Degrelle erklärte Jahre später diese Aus-
nahmegenehmigungen zum Erfolg seiner hartnäckigen Verhandlungsführung. Mit dem Argument, dass die Wallonen durchaus antiklerikal,
aber dennoch religiös eingestellt seien und die Kampfkraft durch die
moralische Unterstützung eines Seelsorgers erheblich gestärkt werden
könne, hätte er Himmler überzeugt, den Posten des Militärpfarrers in
der Brigade zu erhalten. Bezüglich der Kommandosprache drohte
Degrelle nach eigenem Bekunden mit dem Abbruch der Verhandlungen, denn als „Germanen französischer Sprache" sei den Wallonen die
Muttersprache „ein unverzichtbares Element" der völkischen „Selbstbehauptung" gewesen.[283]

---

280 Ebd., Bl. 6.
281 Übernahme der Wallonischen Legion und Umgliederung in SS-Sturmbrigade
„Wallonien", 3.7.1943, BArch NS 19/3523, Bl. 24.
282 Niederschrift über die Übernahme der Wallonischen Legion, 24.5.1943, BArch
NS 19/27, Bl. 5. Christliche Militärgeistliche gab es auch den Reihen der französischen, flämischen und norwegischen SS-Verbände. Allerdings verweigerte die SS dem
flämischen Geistlichen die Reiseerlaubnis an die Front, und bereits Ende Februar
1942 wurde der norwegische Militärpfarrer offiziell aus der Waffen-SS entlassen.
Siehe Christensen, Claus Bundgård; Poulsen, Nielsen Bo; Smith, Peter Scharff; Dänen
in der Waffen-SS 1940–1945, S. 204f. Der französische Feldgeistliche folgte der „SS-
Division Charlemagne" aus Altersgründen nicht ins Kampfgebiet. Siehe Kapitel IV
dieser Studie.
283 Degrelle schreibt bezüglich der Verhandlungen über die Kommandosprache in
seinen Memoiren: „„Und da das Schicksals unseres Volkes [der Wallonen, S.H.] noch
nicht entschieden ist, können wir einen Einsatz im Verband der Waffen-SS nur in

Im Juli 1943 wurde die „SS-Sturmbrigade ‚Wallonien'" zur Neuaufstellung auf den Truppenübungsplatz Wildflecken in der Hohen Rhön verlegt und kurz vor dem Beginn der sowjetischen Winteroffensive vom Dezember 1943 („Dnjepr-Karpaten-Operation") zur Partisanenbekämpfung an die ukrainische Front verbracht.[284] Die Sturmbrigade war der SS-Division „Wiking" unter dem Kommando des SS-Brigadeführers Herbert Gille zugeteilt und schaffte im Februar des Jahres 1944 unter großen Verlusten den Ausbruch aus dem Kessel von Tscherkassy/Korsun: Lediglich 632 von rund 1 600 Soldaten der wallonischen Einheit überlebten den Einsatz. Die NS-Propaganda feierte den Ausbruch der vollkommen erschöpften Truppe als historischen Erfolg. Degrelle erhielt am 20. Februar das Ritterkreuz zum Eisernen Kreuz und die Sturmbrigade paradierte am 1. April vor größtenteils rexistischen Parteianhängern durch Brüssel.[285] Im Sommer des Jahres 1944 kämpfte die „SS-Sturmbrigade ‚Wallonien'" bis zu ihrer Neuaufstellung als „8. SS-Freiwilligen-Grenadier-Division ‚Wallonien'" in Estland.[286] Im Rahmen der Abwehrkämpfe um die Stadt Dorpart erwarb Degrelle am 27. August 1944 das Eichenlaub zum Ritterkreuz des Eisernen Kreuzes.[287]

Erwägung ziehen, wenn wir unsere eigene Befehlsgewalt behalten und wenn sie nur in unserer eigenen Sprache ausgeübt wird. […] Sie [Himmler, S.H.] haben', sagte ich ihm, ‚den flämischen Verbänden die deutsche Sprache im Dienst zur Pflicht gemacht. Das war ein Irrtum. Für uns ‚Germanen französischer Sprache' ist gerade eben sie unverzichtbar." Degrelle, Léon, Denn der Hass stirbt, S. 74f. Ferner: „Ja, ich ging noch einen Schritt weiter, als ich Himmler sagte: ‚Wir möchten auch unseren Militärkaplan behalten.' Und ich erklärte ihm, daß es für uns Wallonen, die wir nicht klerikal, aber religiös sind, eine unerhörte moralische Stärkung bedeutete, in den Kämpfen an der Ostfront von großartigen Geistlichen begleitet zu werden." Ebd., S. 75.

[284] Eine episch-romantisierende Darstellung der Kämpfe findet sich in Degrelle, Léon, Die verlorene Legion, Stuttgart 1952, S. 177. und Degrelle, Léon, Denn der Hass stirbt, S. 92ff.

[285] Lebenslauf des SS-Sturmbannführers Leon Degrelle, BArch (BDC), SSO 139 Degrelle, Leon, 15.6.1906, Bl. 1491. Ferner Rex-Bewegung und Rückwirkung rexistischer Propaganda auf die belgizistische Kollaboration und auf die Flamenbewegung, 24.5.1944, PA AA, R 100649, Bl. 31ff.

[286] Vgl. Degrelle, Léon, Die verlorene Legion, S. 327.

[287] Fernschreiben, 3.9.1944, BArch (BDC), SSO 139 Degrelle, Leon, 15.6.1906, Bl. 1538.

Am 3. September 1944 wurde Brüssel von der deutschen Besatzung befreit. Mit dem schnellen Vormarsch der alliierten Truppen flüchteten rund 6 000 wallonische Kollaborateure ins Deutsche Reich und wurden im Gau Südhannover-Braunschweig in Lagern untergebracht. Die deutschen Stellen mussten einräumen, dass die dortigen Zustände für die Angehörigen der SS-Freiwilligen „teilweise recht unbefriedigend" wären.[288] In einem deutschen Bericht dieser Zeit heißt es: „Die wallonischen Freiwilligen führen Klage darüber, daß ihre aus Belgien nach Deutschland gebrachten Familien keine Unterstützung erhalten, so daß diese Familien in wirtschaftliche Not geraten sind."[289] Kurz vor dem Beginn der „Rundstedt-Offensive" im Dezember des Jahres 1944 kehrte Degrelle zu seinen „Großburgund"-Plänen zurück. In der Vorbereitung der Offensive entfaltete das Auswärtige Amt gleichermaßen eine rege Tätigkeit und auf die Initiative des Reichsaußenministers von Ribbentrop wurde Degrelle als „Volksführer der Wallonen" zum Leiter eines „Wallonischen Befreiungskomitees" bestimmt.[290] Zum Jahresbeginn beauftragte ihn der SS-Obergruppenführer Josef Dietrich nach Rücksprachen mit dem Oberbefehlshaber der Heeresgruppe B mit „der Wahrung der zivilen, politischen und militärischen Ordnung" in den von den Deutschen zurückeroberten belgischen Gebieten.[291] Da die „Ardennenoffensive" nicht durchschlug, hatten diese Konzessionen allerdings keinen praktischen politischen Mehrwert.

Mit der Umgliederung der Sturmbrigade zur „8. SS-Freiwilligen-Grenadier-Division ‚Wallonien'" am 17. September 1944 war Degrelle im Rang eines SS-Obersturmbannführers zum Divisionskommandeur avanciert. Als neuernannter „Volksführer der Wallonen" rief er im Dezember die allgemeine Wehrpflicht für alle männlichen Wallonen zwischen 17 und 55 Jahren aus. Insgesamt umfasste die Division rund 4 000 Freiwillige, obgleich nur eine aus drei Infanterie-Bataillonen bestehende Kampfformation fertig ausgebildet war. [292] Ab Februar griff

---

[288] Mitteilung Wagner an RAM, 13.10.1944, PA AA, R 101185, Bl. 455508.

[289] Zit. n. Neulen, Hans Werner, An deutscher Seite, S. 87.

[290] Krug von Nidda für den Herrn Staatssekretär, 9.12.1944, PA AA, R 101033, Bl. 455593.

[291] Josef Dietrich an Léon Degrelle, 1.1.1945, PA AA, R 101033, Bl. 455645.

[292] Wever, Bruno de, Military collaboration in Belgium, S. 167ff. und Mitteilung Reichel, 20.9.1944, PA AA R 100651, Bl. 15.

sie in die Kämpfe um Stargard (Pommern) ein und wurde Ende April bei Neustrelitz aufgerieben. Léon Degrelle konnte sich am 7. Mai 1945 per Flugzeug ins franquistische Spanien absetzen. Am 31. März 1994 starb er in Malaga an Herzversagen.[293]

---

[293] Colignon, Alain, ‚Degrelle‘, S. 123.

X. Schlussbetrachtung

Obwohl es in Frankreich und Belgien zur Zeit des Zweiten Weltkrieges nicht an demokratiefeindlichen Kräften mangelte, die den Prinzipien der verfassungsmäßigen Regierungsform, der Rechtsstaatlichkeit und des Repräsentativsystems, des Liberalismus und des Konstitutionalismus – Konstanten der europäischen Politik seit der Französischen Revolution von 1789 – abgeschworen hatten und sie durch eine autoritäre oder totalitäre Diktatur faschistischen Zuschnitts ersetzt sehen wollten, blieb man auf der Ebene der militärischen Kollaboration mit dem nationalsozialistischen Deutschland bis zuletzt um die Durchsetzung eigener national-politischer Interessen bemüht. Obwohl Frankreich sowie der französischsprachige Teil Belgiens seitens der deutschen Dienststellen zunächst demselben Sprach- und Kulturraum zugerechnet wurden, bedingten die landestypischen Spezifika der militärischen Besatzung die Matrix der Militärkollaboration.

Da Belgien das einzige besetzte Land Westeuropas mit „Volkstumsproblemen" war, spaltete sich die Politik der deutschen Besatzungsmacht unter rassistischen Gesichtspunkten in eine flämische und eine wallonische Richtung. In Frankreich sah sich die legale Regierung des greisen Maréchal Pétain mit einer Reihe von faschistischen Parteien konfrontiert, die in Opposition zum Vichy-Regime die Gunst der Stunde nutzen wollten, ihre eigenen Machtinteressen mithilfe der Besatzungsmacht durchzusetzen.

Nach dem deutschen Überfall auf die Sowjetunion am 22. Juni 1941 entstand mit der „Légion des volontaires français contre le bolchevisme" (LVF) der erste Kampfverband französischer Freiwilliger. Durch seine Gründung profilierten sich die Pariser Parteien der Ultrakollaboration gegenüber der Besatzungsmacht als aufopferungsbereite Bündnispartner im Kampf gegen den Kommunismus, während innerhalb der Legion die Konflikte zwischen den zerstrittenen „Ultras" weiter gärten. Gerade Jacques Doriot von der PPF behauptete mit dem persönlichen Engagement als Leutnant in den Reihen der LVF seinen Führungsanspruch unter den Ultrakollaborationisten.

Inspiriert durch das französische Beispiel und bestärkt durch den deutschen Botschafter in Paris Otto Abetz, der zuvor die Aufstellung der

LVF koordiniert hatte, gelang es dem Belgier Léon Degrelle als Führer des autoritär-faschistischen „Front populaire de Rex" mit der Aufstellung der „Légion Wallonie" der politischen Bedeutungslosigkeit zu entkommen. Degrelle, dem seit Mitte der dreißiger Jahre der Ruf eines politischen Parvenüs und Fantasten anhaftete, übte auf die Spitzenfunktionäre des „Dritten Reiches" eine starke charismatische Wirkung aus. Es gelang ihm – im Gegensatz zu den Vertretern der französischen Militärkollaboration – führende Protagonisten der nationalsozialistischen Elite für sich einzunehmen. Sein machtpolitisches Geschick und beachtliches Führungscharisma ebneten die Spannungen innerhalb der „Légion Wallonie" ein, so dass der Freiwilligenverband im Gegensatz zur LVF eine starke Binnenintegrität entwickeln konnte.

Degrelle entschied sich im Sommer 1941 für das persönliche Engagement an der Front, allerdings nicht aus primär politischen Gründen wie Doriot: Die „Légion Wallonie" hatte insbesondere in der Aufbauphase mit Rekrutierungsproblemen zu kämpfen, und nur der Aufbruch des „Chef de Rex" an die Ostfront konnte die nötige Zugkraft entwickeln. Während die Disziplin und militärischen Leistungen der LVF bis zu ihrer Auflösung zu wünschen übrig ließen, avancierte die wallonische Truppe nach anfänglichen Schwierigkeiten zu einem von den deutschen Wehrmachtsstellen geschätzten Bataillon. Degrelle konnte über die soldatische Bewährung im Kampf sein politisches Kapital massiv erhöhen.

Nach der Niederlage der 6. deutschen Armee in der Schlacht von Stalingrad forcierte die Waffen-SS den Aufbau ausländischer Freiwilligenverbände, so dass ab Sommer 1943 die ersten Freiwilligen eines „Französischen SS-Freiwilligen-Regimentes" zum Kampfeinsatz an die Ostfront verlegt wurden. Während die damit verbundenen „Germanisierungsabsichten" der Reichsführung-SS bei den patriotisch gesinnten Vertretern der französischen Kollaborationsparteien auf Ablehnung stießen, setzte Léon Degrelle ganz auf die rhetorisch-ideologische Annäherung an das „Dritte Reich": Mit dem Stratagem, die Wallonen seien „Germanen französischer Sprache", erreichte Degrelle die erstrebte Eingliederung der „Légion Wallonie" in die Waffen-SS. Dem „Chef de Rex" kam hierbei zugute, dass er an einen „völkisch-geschichtswissenschaftlichen" Diskurs über die „germanische" Abstammung Walloniens anknüpfen konnte und die Reichsführung-SS in ihrer Personalpolitik kriegsbedingt unter Zugzwang stand.

In Frankreich indessen führte zu Beginn des Kriegsjahres 1943 die Gegnerschaft der Ultrakollaboration zur Staatskollaboration des Vichy-Regimes und insbesondere das Anwachsen der „Résistance" in der Südzone des besetzten Frankreichs zum Aufbau der „Milice française". Mit der Entstehung dieser paramilitärischen Polizeitruppe schlitterte Frankreich an den Rand eines Bürgerkrieges zwischen den Unterstützern und den Widersachern der deutsch-französischen „Zusammenarbeit". Die Landung der Alliierten in der Normandie am 6. Juni 1944 und die schnelle Befreiung Westeuropas von der deutschen Besatzung trieben die französischen und belgischen Kollaborationisten ins Exil nach Deutschland. Die LVF, die „Milice française" und der französische SS-Freiwilligenverband wurden als SS-Division „Charlemagne" neuformiert und bis zur totalen Niederlage des Deutschen Reiches im Mai 1945 gegen die Rote Armee eingesetzt. Im französischsprachigen Teil Belgiens konnte Léon Degrelle trotz der politischen Förderung durch die SS nicht erreichen, dass seine hochgesteckten Ziele eines „Großburgunds" unter rexistischer Vorherrschaft verwirklicht werden. Der rasche Vormarsch der Alliierten vereitelte die politischen Ambitionen des mittlerweile hochdekorierten SS-Divisionskommandeurs, dessen weitgreifende Befugnisse als „Volksführer der Wallonen" nur auf dem Papier Bestand hatten. Die SS-Freiwilligen-Division „Wallonie" wurde Ende April 1945 im Raum Neustrelitz aufgerieben.

Grundsätzlich einte der gemeinsame Antikommunismus die deutschen, französischen und belgischen Akteure der Militärkollaboration. Doch in der Zusammenarbeit unter Ungleichen waren alle Parteien um die Durchsetzung ihrer eigenen politischen Interessen bemüht. Von deutscher Seite bedeutete dies die Instrumentalisierung der ausländischen Kollaborateure für die eigenen Zwecke. Im Falle Frankreichs hielten die zahlreichen deutschen Verbindungsstellen ihre Verbündeten aus dem Lager der Staats- und Ultrakollaboration an der kurzen Leine, zogen deren Loyalität in Zweifel und versuchten, ihr jede Eigenständigkeit zu entziehen. Selbst als die militärische Niederlage unabwendbar näherrückte, war die Beziehung zwischen den französischen Kollaborateuren und der deutschen Besatzungsmacht von gegenseitigem Misstrauen geprägt. Im Machtkonglomerat aller beteiligten Akteure, auf deutscher wie auf französischer Seite, führten die anhaltenden innerinstitutionellen und innenpolitischen Rivalitäten nicht nur zum Kompetenzchaos, sondern zur Verzögerung, zur Ineffizienz und letztendlich zum Scheitern der militärischen Kollaboration. Die zahlenmäßige Stärke und das militärische Engagement der französischen Einheiten blieben für den Kriegsverlauf bedeutungslos.

Im Fall der französischsprachigen belgischen Militärkollaboration mit dem Deutschen Reich war entscheidend, dass über die zukünftige politische Nachkriegsordnung Belgiens keine genauen Vorstellungen existierten. Die deutschen Stellen setzten nach der Besetzung des Landes zunächst auf die politische Bevorzugung der als „germanisch" erachteten flämischen Kollaborationsorganisationen. Erst als sich mit den militärischen Erfolgen der „Légion Wallonie" die rexistische Bewegung unter ihrem Anführer Léon Degrelle neu profilieren konnte, rückte die „romanische" Volksgruppe Belgiens in den Fokus der Besatzungsmacht. Hitlers Direktive, den „Chef de Rex" als „einzigen wirklich brauchbaren Belgier" mit allen Mitteln zu unterstützen, sowie Degrelles „Germanenbekenntnis" vom Januar 1943 sicherten den kollaborationswilligen Wallonen die Protektion des Reichsführers-SS Heinrich Himmler. Obwohl die zahlenmäßige Stärke der wallonischen Militärformationen als Quantité négligable zu bezeichnen ist, war der politische Widerhall ihrer militärischen Leistungen im Einsatz für die deutschen Kriegsziele von beachtlichem Ausmaß.

Neben der Instrumentalisierung der Kriegsfreiwilligen standen die Versuche ihrer Selbstbehauptung. Die legale französische Regierung in Vichy war stets um eine eigene nationalstaatliche Identität bemüht. Doch ihre Versuche, in der militärischen Zusammenarbeit mit dem „Dritten Reich" das Heft des Handelns in der Hand zu behalten, scheiterten an dem absoluten Führungsanspruch der deutschen Stellen. Dies mussten auch die „Ultras" der Kollaboration vom Range eines Doriot oder Darnand einsehen. Insbesondere Joseph Darnand, der sich als Faschist und französischer Patriot für die Politik des Nationalsozialismus einsetzte, verlor Ende 1944 alle Illusionen einer Zusammenarbeit auf gleicher Augenhöhe. Selbst die überzeugtesten Anhänger der deutsch-französischen Militärkollaboration wurden von deutscher Seite kujoniert. Die charismatischen Qualitäten und die flexible Machtpolitik Léon Degrelles hingegen eröffneten den frankophonen Belgiern andere Wege der Militärkollaboration: Exemplarisch ist hier zu nennen, dass gegen die ursprünglichen Direktiven des Reichsführer-SS die Kommandosprache der wallonischen SS-Formation nicht Deutsch, sondern Französisch war, und selbst der katholische Militärgeistliche seinen Platz innerhalb der strikt antiklerikalen Waffen-SS fand und behalten durfte.

An der Aufstellung der militärischen Organisationen der deutsch-französischen und deutsch-wallonischen Kollaboration war eine Vielzahl von Institutionen beteiligt. Die Deutsche Botschaft in Paris unter der Leitung von Otto Abetz entwickelte sich im Laufe des Krieges regelrecht zum Sprachrohr der französischen und französischsprachigen belgischen Kollaborationisten, fanden sie doch in Abetz einen Fürsprecher, der stärker als alle anderen deutschen Akteure bereit war, auf ihre Forderungen und Einwände einzugehen. Dennoch konnte von einer Zusammenarbeit unter gleichberechtigten Partnern nicht die Rede sein, denn das Auswärtige Amt unter Joachim von Ribbentrop verfolgte in Frankreich die Linie, den Kollaborateuren keine politischen Zugeständnisse zu gewähren, nicht zuletzt um jedes nationale Wiedererstarken der „Grande Nation" schon im Vorfeld zu unterbinden.

Der Reichsführer-SS Heinrich Himmler schlug in der Aufstellung französischer Freiwilligenkontingente einen radikalen Kurs ein, um möglichst viele Soldaten für eine „europäische Waffen-SS" anzuwerben. Die damit beauftragte „Germanische Leitstelle" des SS-Hauptamtes unter der Leitung von Gottlob Berger prallte in Frankreich jedoch auf den Widerstand des Höheren SS- und Polizeiführers Carl-Albrecht Oberg, der unter der strategischen Rücksicht auf die innenpolitischen Konstellationen in Frankreich Himmlers Politik auszubremsen versuchte. Zu Beginn der Besatzungsherrschaft in Belgien bevorzugten die deutschen Stellen gemäß dem Diktum Hitlers die flämischen Kollaborationsparteien. Sie waren bestrebt, „belgizistische" Tendenzen, die den Erhalt eines belgischen Nationalstaates implizierten, zu unterbinden. Als die ersten Kontingente französischsprachiger Kriegsfreiwilliger Belgien verließen, um an der Ostfront gegen die Rote Armee zu kämpfen, agierten der Chef der Militärverwaltung Eggert Reeder und das

Auswärtige Amt auf der Linie von Hitlers „Flamenpolitik". Mit den militärischen Erfolgen der wallonischen Legion und Hitlers Richtungswechsel zugunsten Degrelles versuchten Reeder und die Dienststelle des Auswärtigen Amtes in Brüssel aus Gründen einer „Politik der Ruhe und Ordnung" die innenpolitische Bevorzugung des „Chef de Rex" zu stoppen. Beide Institutionen verfügten in Belgien jedoch nicht über die Mittel, Degrelles Förderung durch die SS zu verhindern. Der Chef des SS-Hauptamtes Gottlob Berger hatte wenig Mühe, das Projekt einer wallonischen Einheit in den Reihen der Waffen-SS umzusetzen. Nicht zuletzt war dies – im Unterschied zu den maßgeblichen französischen Kollaborationsparteien – Degrelles Fähigkeit zu verdanken, die Rassenideologie der nationalsozialistischen Besatzer für seine persönlichen politischen Ziele gekonnt zu instrumentalisieren.

XI. Literatur- und Quellenverzeichnis

Archivquellen:

Bundesarchiv, Abt. Berlin (BArch)

BDC SSO-Akten (SS-Führerakten)
NS 19 (Persönlicher Stab Reichsführer SS)
NS 21 (Ahnenerbe)
NS 31 (SS-Hauptamt)
NS 33 (SS-Führungshauptamt)

Der Bundesbeauftragte für die Unterlagen des Staatssicherheitsdienstes der ehemaligen Deutschen Demokratischen Republik (BStU)

MfS, HA IX/11, PA

Politisches Archiv des Auswärtigen Amts (PA AA)

Büro Staatssekretär
Handakten Luther
Inland IIg
Inland I D

Zeitschriften:

Zeitschrift für Politik, hrsg. v. Deutschen Auslandswissenschaftlichen Institut, 33 (1943) 3.

Quelleneditionen:

o. V., Les procès de la collaboration: Fernand de Brinon, Joseph Darnand, Jean Luchaire, Paris 1948.

Hitlers Lagebesprechungen, Die Protokollfragmente seiner militärischen Konferenzen 1942–1945, hrsg. v. Helmut Heiber, Stuttgart 1962.

Die Tagebücher von Joseph Goebbels, hrsg. v. Elke Fröhlich, Teil 1, Aufzeichnungen 1923–1941, 9 Bde., München [u.a.] 1998–2006.

Die Tagebücher von Joseph Goebbels, hrsg. v. Elke Fröhlich, Teil 2, Diktate 1941–1945, 15 Bde., München [u.a.] 1993–1996.

Literatur:

Abetz, Otto, Das offene Problem, Ein Rückblick auf zwei Jahrzehnte deutscher Frankreichpolitik, Köln 1951.

Adorno, Theodor W., Studien zum autoritären Charakter, Frankfurt am Main 1995.

Azéma, Jean-Pierre, La Milice, in: Vingtième Siècle, Revue d' histoire, 28 (1990), S. 83–105.

Balace, Francis, Rex 40-41: L'engrenage de la trahison, in: Jours de guerre 8 (2002), online abrufbar unter: http://mediatheque.territoires-memoire.be/doc_num.php?explnum_id=2002, S. 29–56 (zuletzt geprüft am 13.03.2020).

Baruch, Marc Olivier, Das Vichy-Regime, Frankreich 1940–1944, Stuttgart 1999.

Bayac, Jacques Delperrie de, Historie de la milice, 1918–1945, Paris 1969.

Becker, Raymond de, La collaboration en Belgique (1940–1944) ou une révolution avortée, in: Courrier hebdomadaire du CRISP, 53 (1970) 497, S. 1–70.

Bene, Krisztián, La collaboration militaire française dans la Seconde Guerre mondiale, Sainte-Flaive-des-Loups 2012.

Beyda, Oleg, „La Grande Armée in Field Grey": The Legion of French Volunteers Against Bolshevism, 1941, in: Journal of Slavic Military Studies 29 (2016) 3, S. 500–518.

Beyen, Marnix, Eine lateinische Vorhut mit germanischen Zügen, Wallonische und deutsche Gelehrte über die germanische Komponente in der wallonischen Geschichte und Kultur, in: Dietz, Burkhard u.a. (Hg.), Griff nach dem Westen, Die „Westforschung" der völkisch-nationalen Wissenschaften zum nordwesteuropäischen Raum (1919–1960), Bd. 1, S. 351–381.

Birn, Ruth Bettina, Die Höheren SS- und Polizeiführer, Himmlers Vertreter im Reich und in den besetzten Gebieten, Düsseldorf 1986.

Böhler, Jochen; Gerwarth, Robert, The Waffen-SS, A European History, Oxford 2017.

Brasillach, Robert, Léon Degrelle et l'avenir de ‚Rex', Paris 1936.

Brender, Reinhold, Kollaboration in Frankreich im Zweiten Weltkrieg, Marcel Déat und das Rassemblement national populaire, München 1992.

Brinon, Fernand de, Mémoires, Paris 1949.

Brissaud, André, La dernière année de Vichy (1943–1944), Paris 1965.

Bruyne, Eddy de, La difficile naissance d'une légion perdue, in: Jours de guerre 8 (2002), online abrufbar unter: http://mediatheque.territoires-memoire.be/doc_num.php?explnum_id=2002, S. 57-65 (zuletzt geprüft am 13.03.2020).

Bruyne, Eddy de, Les Wallons meurent à l'Est, La Légion et Léon Degrelle sur le Front russe 1941–1945, Bruxelles 1991.

Burrin, Philippe, Das Beispiel Frankreich, in: Der nationalsozialistische Krieg, hrsg. v. Norbert Frei und Hermann Kling, Frankfurt am Main 1990, S. 195–204.

Burrin, Philippe, La dérive fasciste, Doriot, Déat, Bergery 1933–1945, Paris 1986.

Carrard, Philippe, The French who fought for Hitler, Memories from the outcast, Cambridge 2010.

Charbonneau, Henry, Le roman noir de la droite française, Paris 1980.

Christensen, Claus Bundgård; Poulsen, Nielsen Bo; Smith, Peter Scharff; Dänen in der Waffen-SS 1940–1945, Ideologie, Integration und Kriegsverbrechen im Vergleich mit anderen „germanischen" Soldaten, in: Die Waffen-SS, Neue Forschungen, hrsg. v. Jan Erik Schulte, Peter Lieb, Bernd Wegner, Paderborn 2014, S. 196–215.

Colignon, Alain, ‚Degrelle', in: Nouvelle biographie nationale, Bd. 6, hrsg. v. Académie royale des sciences, des lettres et des beaux-arts, Bruxelles 2001, S. 111–123.

Conway, Martin, Collaboration in Belgium, Léon Degrelle and the Rexist Movement 1940–1944, New Haven, London, 1993.

Conze, Eckart; Frei, Norbert; Hayes, Peter; Zimmermann, Moshe, Das Amt und die Vergangenheit, Deutsche Diplomaten im Dritten Reich und in der Bundesrepublik, München 2010.

Dannau, Wim, Face à face avec le rexisme, Strombeek-Bever 1971.

Degrelle, Léon, Denn der Hass stirbt... Erinnerungen eines europäischen Kriegsfreiwilligen, Dresden 2006.

Degrelle, Léon, Die verlorene Legion, Stuttgart 1952.

Degrelle, Léon, Furore teutonico!, Louvain 1930.

Degrelle, Léon, Les grandes farces de Louvain, Louvain 1930.

Derks, Hans, Deutsche Westforschung, Ideologie und Praxis im 20. Jahrhundert, Leipzig 2001.

Étienne, Jean-Michel, Le mouvement rexiste jusqu'en 1940, Paris 1968.

Forbes, Robert, For Europe, The french volunteers of the Waffen-SS, Mechanicsburg 2010.

Frérotte, Jean-Marie, Léon Degrelle, Le dernier fasciste, Bruxelles 1987.

Fromm, Erich, Studien über Autorität und Familie, Sozialpsychologischer Teil (1936a), in: Erich Fromm-Gesamtausgabe, Bd. 2, Stuttgart 1980, S. 141–188.

Gérard-Libois, Jules; Gotovitch, José, L'an 40, La Belgique occupée, Bruxelles 1971.

Giolitto, Pierre, Histoire de la Milice, Paris 1997.

Giolitto, Pierre, Volontaires français sous l'uniforme allemand, Paris 1999.

Gordon, Bertram, Un soldat du fascisme: L'évolution politique de Joseph Darnand, in: Revue d'histoire de la deuxième guerre mondiale 27 (1977) 108, S. 43–70.

Grunert, Robert, Der Europagedanke westeuropäischer faschistischer Bewegungen 1940–1945, Paderborn 2012.

Günther, Hans F. K., Herkunft und Rassengeschichte der Germanen, München 1935.

Hachmeister, Lutz, Der Gegnerforscher, Die Karriere des SS-Führers Franz Alfred Six, München 1998.

Hausser, Paul, Soldaten wie andere auch, Der Weg der Waffen-SS, Osnabrück 1988.

Hofer, Walther (Hrsg.), Der Nationalsozialismus, Dokumente 1933–1945, Frankfurt am Main 1957.

Jäckel, Eberhard, Frankreich in Hitlers Europa, Die deutsche Frankreichpolitik im Zweiten Weltkrieg, Stuttgart 1966.

122

Jonghe, Albert de, La lutte Himmler-Reeder pour la nomination d'un HSSPF à Bruxelles, Deuxième partie, L'Infiltration de la collaboration politique en Flandre par la SS, du début de l'occupation à la mort de Staf de Clercq, in: Cahiers d'histoire de la Seconde Guerre Mondiale 4 (1976), S. 5–160.

Jonghe, Albert de, La lutte Himmler-Reeder pour la nomination d'un HSSPF à Bruxelles, Trosième partie, Évolution d'octobre 1942 à octobre 1943, in: Cahiers d'histoire de la Seconde Guerre Mondiale 5 (1978), S. 5–172.

Jonghe, Albert de, La lutte Himmler-Reeder pour la nomination d' un HSSPF à Bruxelles, Cinquième partie, Salzbourg avant et après. Évolution policière de septembre 1943 à la fin de l'occupation, in: Cahiers d'histoire de la Seconde Guerre Mondiale 8 (1984), S. 5–234.

Kasten, Bernd, „Gute Franzosen", Die französische Polizei und die deutsche Besatzungsmacht im besetzten Frankreich 1940–1944, Sigmaringen 1993.

Klarsfeld, Serge, Vichy-Auschwitz, Die „Endlösung der Judenfrage" in Frankreich, Darmstadt 2007.

Kletzin, Birgit, Europa aus Rasse und Raum, Die nationalsozialistische Idee der Neuen Ordnung, Münster 2000.

Kozak, Kuzma Ivanovic, Franzosen in den Verbänden der Wehrmacht, in: Täter im Vernichtungskrieg, hrsg. v. Wolf Kaiser, Berlin 2002, S. 160–165.

Krier, Émile, Le Rexisme et l'Allemagne 1933-1940, Une documentation, in: Cahiers d'histoire de la Seconde Guerre Mondiale 5 (1978), S. 173–220.

Lappenküper, Ulrich, Der „Schlächter von Paris", Carl-Albrecht Oberg als Höherer SS- und Polizeiführer in Frankreich 1942–1944, in: Frankreich und Deutschland im Krieg (November 1942 – Herbst 1944), hrsg. v. Stefan Martens und Maurice Vaisse, Bonn 2000, S. 129–143.

Léguerandais, Christophe, Hitler's French volunteers, Barnsley 2016.

Leleu, Jean-Luc, Jenseits der Grenzen, Militärische, politische und ideologische Gründe für die Expansion der Waffen-SS, in: Die

Waffen-SS, Neue Forschungen, hrsg. v. Jan Erik Schulte, Peter Lieb, Bernd Wegner, Paderborn 2014, S. 25–41.

Leleu, Jean-Luc, La Waffen-SS, Soldats politiques en guerre, Paris 2007.

Littell, Jonathan, Das Trockene und das Feuchte, Berlin 2009.

Longerich, Peter, Heinrich Himmler, Biographie, München 2008.

Luytens, Daniel-Charles, SS wallons, Récits de la 28e division SS des grenadiers volontaires Wallonie, Cork 2015.

Mabire, Jean, Berlin im Todeskampf, Französische Freiwillige der Waffen-SS als letzte Verteidiger der Reichskanzlei, Preußisch Oldendorf 1977.

Mabire, Jean, Division de choc Wallonie, Lutte à mort en Poméranie, Paris 1996.

Merglen, Albert, Soldats français sous uniformes allemands 1941–1945: LVF et „Waffen-SS" français, in: Revue d'histoire de la deuxième guerre mondiale 27 (1977) 108, S. 71–84.

Michaelis, Rolf, Belgier in der Waffen-SS, Berlin 2010.

Michaelis, Rolf, Franzosen in der Waffen-SS, Berlin 2013.

Militärgeschichtliches Forschungsamt (Hrsg.), Das Deutsche Reich und der Zweite Weltkrieg, Bd. 4, Stuttgart 1983.

Müller, Rolf-Dieter, An der Seite der Wehrmacht, Hitlers ausländische Helfer beim „Kreuzzug gegen den Bolschewismus" 1941–1945, Berlin 2007.

Neulen, Hans Werner, An deutscher Seite, Internationale Freiwillige von Wehrmacht und Waffen-SS, München 1985.

Neulen, Hans Werner, Europa und das 3. Reich, Einigungsbestrebungen im deutschen Machtbereich 1939–45, München 1987.

Neulen, Hans Werner, Eurofaschismus und der Zweite Weltkrieg, Europas verratene Söhne, München 1980.

Nilsson, Mikael, Hitler redivivus, „Hitlers Tischgespräche" und „Monologe im Führerhauptquartier" eine kritische Untersuchung, in: Vierteljahreshefte für Zeitgeschichte 67 (2019), S. 105–146.

Nolte, Ernst, Die Action française 1899-1944, in: Vierteljahreshefte für Zeitgeschichte 9 (1961), S. 124–166.

Nolte, Ernst, Die faschistischen Bewegungen, München 1966.

Oexle, Otto Gerhard, Leitbegriffe – Deutungsmuster – Paradigmen-kämpfe, Über Vorstellungen vom „Neuen Europa" in Deutschland 1944, in: Nationalsozialismus in den Kulturwissenschaften, hrsg. v. Hartmut Lehmann und Otto Gerhard Oexle, Bd. 2, Göttingen 2004, S. 13–40.

Petge, Stefan, Militärische Vergemeinschaftsversuche muslimischer Soldaten in der Waffen-SS, Die Beispiele der Division „Handschar" und des „Osttürkischen Waffenverbands der SS", in: Die Waffen-SS, Neue Forschungen, hrsg. v. Jan Erik Schulte, Peter Lieb, Bernd Wegner, Paderborn 2014, S. 248–266.

Petri, Franz, Germanisches Volkserbe in Wallonien und Frankreich, Die fränkische Landnahme in Frankreich und den Niederlanden und die Bildung der westlichen Sprachgrenze, Bd. 2, Bonn 1937.

Pflock, Andreas, Sicherungslager Schirmeck-Vorbruck, in: Der Ort des Terrors, Geschichte der nationalsozialistischen Konzentrationslager, hrsg. v. Wolfgang Benz und Barbara Distel, Bd. 9, München 2009, S. 521–533.

Picker, Henry, Hitlers Tischgespräche, München 1968.

Plisnier, Flore, Ils ont pris les armes pour Hitler, La collaboration armée en Belgique francophone, Bruxelles 2008.

Rohrkamp, René, „Weltanschaulich gefestigte Kämpfer": Die Soldaten der Waffen-SS 1933–1945, Paderborn 2010.

Rohrkamp, René, Die Rekrutierungpraxis der Waffen-SS in Frieden und Krieg, in: Die Waffen-SS, Neue Forschungen, hrsg. v. Jan Erik Schulte, Peter Lieb, Bernd Wegner, Paderborn 2014, S. 42–60.

Scherzer, Veit, Sous le Signe SS, Französische Freiwillige in der Waffen-SS, Bayreuth 2018.

Schöttler, Peter, Die historische „Westforschung" zwischen „Abwehrkampf" und territorialer Offensive, in: Geschichtsschreibung als Legitimationswissenschaft 1918–1945, hrsg. v. Peter Schöttler, Frankfurt am Main 1997, S. 204–261.

Schöttler, Peter, Dreierlei Kollaboration, Europa-Konzepte und „deutsch-französische Verständigung"– am Beispiel der Karriere von SS-Brigadeführer Gustav Krukenberg, in: Zeithistorische

Forschungen/Studies in Contemporary History, 9 (2012) 3, online abrufbar unter: http://www.zeithistorische-forschungen.de/3-2012/id=4690 S. 365–386 (zuletzt geprüft am 13.03.2020).

Schulte, Jan Erik; Lieb, Peter; Wegner, Bernd (Hg.), Die Waffen-SS, Neue Forschungen, Paderborn 2014.

Schulte, Jan Erik; Lieb, Peter; Wegner, Bernd; Einleitung: Die Geschichte der Waffen-SS – Forschungsschwerpunkte und Ausblicke, in: Die Waffen-SS, Neue Forschungen, hrsg. v. Jan Erik Schulte, Peter Lieb, Bernd Wegner, Paderborn 2014, S. 11–22.

Seidler, Franz W., Avantgarde für Europa, Ausländische Freiwillige in Wehrmacht und Waffen-SS, Selent 2004.

Segev, Tom, Soldiers of Evil, The Commandants of the Nazi Concentration Camps, Jerusalem 1987.

Six, Franz Alfred, Europa, Tradition und Zukunft, Hamburg 1944.

Stein, George H., Geschichte der Waffen-SS, Düsseldorf 1967.

Steiner, Felix, Die Freiwilligen, Idee und Opfergang, Göttingen 1958.

Theweleit, Klaus, Männerphantasien, 2. Bde., Frankfurt am Main 1977.

Vanderlinden, Jean-Marc, La réinsertion socio-professionnelle des anciens de la Légion Wallonie Première approche, in: Cahiers/Bijdragen 14 (1991), S. 203–268.

Vandromme, Pol, Le loup au cou de chien, Degrelle au service d'Hitler, Paris 1978.

Wagner, Wilfried, Belgien in der deutschen Politik während des Zweiten Weltkrieges, Boppard 1974.

Wegner, Bernd, Hitlers politische Soldaten: Die Waffen-SS 1933–1945, Leitbild, Struktur und Funktion einer nationalsozialistischen Elite, Paderborn 1997.

Westemeier, Jens, „Soldaten wie andere auch!" Der Einfluss von SS-Veteranen auf die öffentliche Wahrnehmung der Waffen-SS, in: Die SS nach 1945, Entschuldungsnarrative, populäre Mythen, europäische Erinnerungsdiskurse, Göttingen 2018, S. 269–288.

Wever, Bruno de, Greep naar de macht. Vlaams-nationalisme en Nieuwe Orde. Het VNV 1933–1945, Tielt 1994.

Wever, Bruno de, Military collaboration in Belgium, in: Die Bürokratie der Okkupation, hrsg. v. Wolfgang Benz, Johannes Houwink ten Cate, Gerhard Otto, Berlin 1998, S. 153–171.

Wever, Bruno de, Oostfronters, Vlamingen in het vlaams legioen en de Waffen-SS, Lannoo 1985.

Wildt, Michael, Generation des Unbedingten, Das Führungskorps des Reichssicherheitshauptamtes, Hamburg 2008.

Wilke, Karsten, Die „Hilfsgemeinschaft auf Gegenseitigkeit" (HIAG) 1950–1990, Veteranen der Waffen-SS in der Bundesrepublik, Paderborn 2011.

Wirsching, Andreas, Auf dem Weg zur Kollaborationsideologie, Antibolschewismus, Antisemitismus und Nationalsozialismus im Denken der französischen extremen Rechten 1936 bis 1939, in: Vierteljahreshefte für Zeitgeschichte 41 (1993), S. 31–60.

Wolf, Dieter, Die Doriot-Bewegung, Ein Beitrag zur Geschichte des französischen Faschismus, Stuttgart 1967.

XII. Index

130

Carola Hartmann Miles-Verlag

Militärgeschichte

Eberhard Kliem, Kathrin Orth, *"Wir wurden wie blödsinnig vom Feind beschossen".* Menschen und Schiffe in der Skagerrakschlacht 1916, Berlin 2016.

Hans Frank, Norbert Rath, *Kommodore Rudolf Petersen. Führer der Schnellboote 1942–1945. Ein Leben in Licht und Schatten unteilbarer Verantwortung,* Berlin 2016.

Eckhard Lisec, *Der Völkermord an den Armeniern im 1. Weltkrieg – Deutsche Offiziere beteiligt?,* Berlin 2017.

Ingo Pfeiffer, *Gegner wider Willen. Konfrontation von Volksmarine und Bundesmarine auf See,* Berlin 2012.

Ingo Pfeiffer, *Seestreitkräfte der DDR – Abriss 1950-1990,* Berlin 2014.

Ingo Pfeiffer, *Heinz Neukirchen. Marinekarriere an wechselnden Fronten,* Berlin 2017.

Joachim Welz, *Erfolgsstory oder Trauma – die Übernahme von Armeen. Lehren aus der Übernahme des österreichischen Bundesheeres in die Wehrmacht 1938 und der Reste der NVA in die Bundeswehr 1990,* Berlin 2018.

Joachim Hoppe, Manfred Wilde (Hrsg.), *Die Unteroffizierschule des Heeres, Die militärische Meisterschule,* Berlin 2016.

Georg Neuhaus, *Am Anfang war ein Speer. Eine Chronographie der Kriegs- und Militärtechnologien,* Berlin 2018.

Hans-Werner Ahrens, *Die Transportflieger der Luftwaffe 1956 bis 1971. Konzeption – Aufbau – Einsatz, (Bd. 8 der Reihe Schriften zur Geschichte der Deutschen Luftwaffe),* Berlin 2019.

Jobst Reller, *Die Anfänge der evangelischen Militärseelsorge,* Berlin 2019.

Eberhard Frhr. v. Senden, Friedrich Frhr. v. Senden, *Der Erste Weltkrieg 1914–1918. Erlebnisse eines jungen Leutnants,* Berlin 2020.

Schriften zur Tradition

Eberhard Birk, Winfried Heinemann, Sven Lange (Hrsg.), *Tradition für die Bundeswehr. Neue Aspekte einer alten Debatte,* Berlin 2012.

Joachim Welz, *Vom Kontingentsheer zum Reichsheer: Militärkonventionen als Motor der Wehrverfassung,* Berlin 2018.

Donald Abenheim, Uwe Hartmann (Hrsg.), *Tradition in der Bundeswehr. Zum Erbe des deutschen Soldaten und zur Umsetzung des neuen Traditionserlasses,* Berlin 2018.

Donald Abenheim, Uwe Hartmann, *Einführung in die Tradition der Bundeswehr. Das soldatische Erbe in dem besten Deutschland, das es je gab,* Berlin 2019.

Eberhard Birk, Heiner Möllers (Hrsg.), *Die Luftwaffe und ihre Traditionen (aus der Reihe Schriften zur Geschichte der Deutschen Luftwaffe, Band 10),* Berlin 2019.

Hans-Günter Behrendt (Hrsg.): *Erinnerungsorte der Bundeswehr – Personen, Ereignisse und Institutionen der soldatischen Traditionspflege,* Berlin 2020.

Erinnerungen

Blue Braun, *Erinnerungen an die Marine 1956–1996,* Berlin 2012.

Klaus Grot, *So war's, damals. Dienstchronik eines Pionieroffiziers im Kalten Krieg 1954–1991,* Berlin 2014.

Gustav Lünenborg, *Bürger und Soldat. Innere Führung hautnah 1956–1993, 1993–2015,* Berlin 2015.

Adolf Brüggemann, *Als Offizier der Bundeswehr im Auswärtigen Dienst. Meine Erinnerungen als Militärattaché in Seoul (Republik Korea) 1978–83 und in Prag (Tschechoslowakei/Tschechien) 1988–1993,* Berlin 2015.

Rainer Buske, *Eine Reise ins Innere der Bundeswehr. Wundersame Geschichten aus einer anderen Welt,* Berlin 2016.

Heinz Laube, *Duell am geteilten Himmel,* Berlin 2016.

Viktor Toyka, *Dienst in Zeiten des Wandels. Erinnerungen aus 40 Jahren Dienst als Marineoffizier 1966-2000,* Berlin 2017.

Hans-Eckhard Tribess (Hrsg.), *Im Leben unterwegs – für den Frieden. Festschrift für Wolfgang Altenburg zum 90. Geburtstag am 22. Juni 2018,* Berlin 2019.

Kurt Graf v. Schweinitz, *Notizen im Transit von Krieg und Frieden,* Berlin 2020.

Jahrbuch Innere Führung (seit 2009)

Uwe Hartmann, Claus von Rosen (Hrsg.), *Jahrbuch Innere Führung 2016. Innere Führung als kritische Instanz,* Berlin 2016.

Uwe Hartmann, Claus von Rosen (Hrsg.), *Jahrbuch Innere Führung 2017. Die Wiederkehr der Verteidigung in Europa und die Zukunft der Bundeswehr*, Berlin 2017.

Uwe Hartmann, Claus von Rosen (Hrsg.), *Jahrbuch Innere Führung 2018. Innere Führung zwischen Aufbruch, Abbau und Abschaffung: Neues denken, Mitgestaltung fördern, Alternativen wagen*, Berlin 2018.

Uwe Hartmann, Claus von Rosen (Hrsg.), *Jahrbuch Innere Führung 2019. Bundeswehr im Aufbruch. Hindernisse von den verteidigungspolitischen Vorstellungen der AFD bis zu den sicherheitspolitischen Meinungen in der Zivilgesellschaft*, Berlin 2019.

Militär und Gesellschaft

Wolf Graf von Baudissin, *Grundwert Frieden in Politik – Strategie – Führung von Streitkräften*, hrsg. von Claus von Rosen, Berlin 2014.

Marcel Bohnert, Lukas J. Reitstetter (Hrsg.), *Armee im Aufbruch. Zur Gedankenwelt junger Offiziere in den Kampftruppen der Bundeswehr*, Berlin 2014.

Phil C. Langer, Gerhard Kümmel (Hrsg.), *„Wir sind Bundeswehr." Wie viel Vielfalt benötigen/vertragen die Streitkräfte?*, Berlin 2015.

Eberhard Birk, Peter Andreas Popp (Hrsg.), *Luftwaffenoffizier 21. Das Selbstverständnis des Luftwaffenoffiziers zu Beginn des 21. Jahrhunderts, (aus der Reihe Schriften zur Geschichte der Deutschen Luftwaffe, Band 5)*, Berlin 2016.

Alois Bach, Walter Sauer (Hrsg.), *Schützen. Retten. Kämpfen. Dienen für Deutschland*, Berlin 2016.

Marcel Bohnert, Björn Schreiber (Hrsg.), *Die unsichtbaren Veteranen. Kriegsheimkehrer in der deutschen Gesellschaft*, Berlin 2016.

Angelika Dörfler-Dierken (Hrsg.), *Hinschauen! Geschlecht, Rechtspopulismus, Rituale: Systemische Probleme oder individuelles Fehlverhalten?*, Berlin 2019.

Alois Bach, Carola Hartmann (Hrsg.), *Unbekannte Helden des Alltags – Soldaten und Ehefrauen berichten über Verantwortung, Humanität und Belastung im Auslandseinsatz*, Berlin 2020.

Standpunkte und Orientierungen

Daniel Giese, *Militärische Führung im Internetzeitalter,* Berlin 2014.

Dirk Freudenberg, *Auftragstaktik und Innere Führung. Feststellungen und Anmerkungen zur Frage nach Bedeutung und Verhältnis des inneren Gefüges und der Auftragstaktik unter den Bedingungen des Einsatzes der Deutschen Bundeswehr,* Berlin 2014.

Hartwig von Schubert, *Integrative Militärethik. Ethische Urteilsbildung in der militärischen Führung,* Berlin 2015.

Uwe Hartmann, *Hybrider Krieg als neue Bedrohung von Freiheit und Frieden. Zur Relevanz der Inneren Führung in Politik, Gesellschaft und Streitkräften,* Berlin 2015.

Klaus Beckmann, *Treue.Bürgermut.Ungehorsam. Anstöße zur Führungskultur und zum beruflichen Selbstverständnis in der Bundeswehr,* Berlin 2015.

Florian Beerenkämper, Marcel Bohnert, Anja Buresch, Sandra Matuszewski, *Der innerafghanische Friedens- und Aussöhnungsprozess,* Berlin 2016.

Martin Sebaldt, *Nicht abwehrbereit. Die Kardinalprobleme der deutschen Streitkräfte, der Offenbarungseid des Weißbuchs und die Wege aus der Gefahr,* Berlin 2017.

Christian J. Grothaus, *Der „hybride Krieg" vor dem Hintergrund der kollektiven Gedächtnisse Estlands, Lettlands und Litauens,* Berlin 2017.

Uwe Hartmann, *Der gute Soldat. Politische Kultur und soldatisches Selbstverständnis heute,* Berlin 2018.

Christian Bauer, Marcel Bohnert, Jan Pahl, *Vitalis Innere Führung! Zum Status Quo der Führungskultur in den deutschen Streitkräften,* Berlin 2018.

Helmut Jermer, *Innere Führung kompakt. Eine Zusammenschau als Lehr- und Lernhilfe,* Berlin 2019.

Martin Sebaldt, *Das Elend der Strategen. Warum die deutsche Militärpolitik versagt,* Berlin 2020.

Offiziersbibliothek

Uwe Hartmann, *Offiziersbibliothek I: Deutschland,* Berlin 2020.

www.miles-verlag.jimdo.com